本书系江苏省高校哲学社会科学研究基金项目
的构建与评价机制的研究"（批准号：2018SJA10

新时代高校后勤管理及服务育人研究与实践

杨宏楼　著

北京工业大学出版社

图书在版编目（CIP）数据

新时代高校后勤管理及服务育人研究与实践 / 杨宏楼著. — 北京：北京工业大学出版社，2022.1
ISBN 978-7-5639-8256-1

Ⅰ．①新… Ⅱ．①杨… Ⅲ．①高等学校－后勤管理－研究－中国 Ⅳ．①G647.4

中国版本图书馆CIP数据核字（2022）第026954号

新时代高校后勤管理及服务育人研究与实践
XINSHIDAI GAOXIAO HOUQIN GUANLI JI FUWU YUREN YANJIU YU SHIJIAN

著　　者：	杨宏楼
责任编辑：	吴秋明
封面设计：	知更壹点
出版发行：	北京工业大学出版社
	（北京市朝阳区平乐园100号　邮编：100124）
	010-67391722（传真）　bgdcbs@sina.com
经销单位：	全国各地新华书店
承印单位：	唐山市铭诚印刷有限公司
开　　本：	710毫米×1000毫米　1/16
印　　张：	10.5
字　　数：	210千字
版　　次：	2023年4月第1版
印　　次：	2023年4月第1次印刷
标准书号：	ISBN 978-7-5639-8256-1
定　　价：	72.00元

版权所有　翻印必究

（如发现印装质量问题，请寄本社发行部调换 010-67391106）

作者简介

杨宏楼,男,1982年出生,江苏睢宁人,副研究员,硕士。曾任徐州工业职业技术学院国有资产管理与后勤服务中心主任、后勤总支副书记(兼),现任招生办公室主任、教务处副处长(兼),主要从事高等教育学、后勤服务管理等方面的研究。曾获全国高校辅导员年度人物入围奖、江苏省高校后勤行业先进个人等荣誉。

前　言

在高校培养合格人才的过程中，后勤起着不可忽视的作用。后勤服务工作是高校育人工作的重要组成部分。在当前后勤服务社会化改革背景下，高校严格落实立德树人的根本任务，积极构建大思政格局，积极发挥后勤服务育人功能。如何有效实现高校后勤服务育人和管理育人的功能，是高校后勤工作者需要探索和实践的新课题。研究和探索高校后勤管理与服务育人工作有利于进一步提高高校思想政治工作能力和水平，提升人才培养质量。

全书共七章。第一章为绪论，主要阐述了高校后勤的基本问题、高校后勤管理的历史沿革、新时代加强高校后勤管理的意义、高校后勤的教育地位及育人特点等内容；第二章为高校后勤管理概述，主要阐述了高校后勤管理的目标、高校后勤管理的原理与方法、高校科学后勤管理理念的树立等内容；第三章为高校后勤管理的运作机制，主要阐述了高校后勤管理市场机制的建设、高校后勤管理体系的构建、高校后勤管理运行机制的优化、高校后勤管理服务机制的创新等内容；第四章为高校后勤服务育人概述，主要阐述了高校后勤服务育人的实践历程、高校后勤服务育人的现状、高校后勤服务育人存在的问题、高校后勤服务育人存在问题的原因等内容；第五章为高校后勤服务育人的功能，主要阐述了高校后勤服务育人功能的定位、高校后勤服务育人功能的内容、高校后勤服务育人功能的特点、高校后勤服务育人功能的实现等内容；第六章为高校后勤服务育人的实践，主要阐述了高校后勤服务育人——综合案例、高校后勤服务育人——公寓案例、高校后勤服务育人——食堂案例、高校后勤服务育人——绿化案例、高校后勤服务育人——学生工作案例等内容；第七章为高校后勤服务育人的对策，主要阐述了高校后勤服务育人的必要性、高校后勤服务育人的改进策略等内容。

为了确保研究内容的丰富性和多样性，笔者在写作过程中参考了大量理论与研究文献，在此向涉及的专家、学者们表示衷心的感谢。

最后，限于笔者水平，加之时间仓促，本书难免存在一些不足，在此恳请同行专家和读者朋友批评指正！

目　　录

第一章　绪论 ································· 1
第一节　高校后勤的基本问题 ··················· 1
第二节　高校后勤管理的历史沿革 ··············· 17
第三节　新时代加强高校后勤管理的意义 ········· 20
第四节　高校后勤的教育地位及育人特点 ········· 23

第二章　高校后勤管理概述 ····················· 29
第一节　高校后勤管理的目标 ··················· 29
第二节　高校后勤管理的原理与方法 ············· 30
第三节　高校科学后勤管理理念的树立 ··········· 40

第三章　高校后勤管理的运作机制 ··············· 42
第一节　高校后勤管理市场机制的建设 ··········· 42
第二节　高校后勤管理体系的构建 ··············· 48
第三节　高校后勤管理运行机制的优化 ··········· 53
第四节　高校后勤管理服务机制的创新 ··········· 63

第四章　高校后勤服务育人概述 ················· 67
第一节　高校后勤服务育人的实践历程 ··········· 67
第二节　高校后勤服务育人的现状 ··············· 70
第三节　高校后勤服务育人存在的问题 ··········· 75
第四节　高校后勤服务育人存在问题的原因 ······· 79

第五章　高校后勤服务育人的功能 ·· 84
第一节　高校后勤服务育人功能的定位 ································ 84
第二节　高校后勤服务育人功能的内容 ································ 92
第三节　高校后勤服务育人功能的特点 ································ 96
第四节　高校后勤服务育人功能的实现 ································ 100

第六章　高校后勤服务育人的实践 ·· 110
第一节　高校后勤服务育人——综合案例 ···························· 110
第二节　高校后勤服务育人——公寓案例 ···························· 114
第三节　高校后勤服务育人——食堂案例 ···························· 125
第四节　高校后勤服务育人——绿化案例 ···························· 131
第五节　高校后勤服务育人——学生工作案例 ······················ 138

第七章　高校后勤服务育人的对策 ·· 142
第一节　高校后勤服务育人的必要性 ··································· 142
第二节　高校后勤服务育人的改进策略 ································ 146

参考文献 ··· 158

第一章 绪论

学校是开展教学工作的一线，后勤是服务于教学工作的基础组成。高校要想在学校的后勤管理服务工作中实现管理育人、服务育人的新型教育辅助理念，就需要对学校的后勤管理工作开展合理的调度安排，使学校的后勤管理工作可以高质量、高水平地快速完成，进而建立起长效的后勤工作机制，有效渗透育人内容，助推学校长远发展。

第一节 高校后勤的基本问题

一、高校后勤的相关概念

（一）后勤

"后勤"一词在《辞海》中的释义为"指后方对前方的一切供应工作"。它是一个首先运用于军事领域的军事术语，是对于军事作战的后方而言的，是"后方勤务"，即对前方军事作战起保障、服务和支持作用的一切工作。

伴随着军事后勤作用的日益凸显和军事后勤学的产生与发展，人们发现军事后勤学中的一些重要思想和方法不仅可以用在军事领域，而且对于企事业单位、机关团体等的运行和管理也有很强的应用价值。"后勤"一词便由军事用语转为一般社会用语，被引用到企业、事业单位、行政机关中。现在，我们经常提到的机关后勤、事业单位后勤、企业后勤等，从渊源上看是对军队后勤概念的借用，但其内涵已发生了较大的演变，即"后勤"不一定局限于后方，这里的"后"应该理解为辅助、支持、保障的含义。因此，后勤的主要内涵应为"为单位的主要业务提供保障、服务、支持作用的一切活动、机构和人员的总称"。

（二）管理

管理是人类各种活动中最为重要的内容之一，自从人们开始从形成群体去解决个人无法达到的目标以来，管理工作就成了协调成员间关系必不可少的要素了。

1. 管理的定义

19世纪末20世纪初，产生了以泰罗、法约尔、韦伯等人为代表的古典科学管理运动，极大地推动了生产力的发展，并第一次把管理纳入了科学的轨道，使管理成为一门真正的科学。

那什么是管理呢？管理的定义又是什么呢？可以说，管理的定义是研究管理学理论的基础，不同时期的人对管理的定义是不同的。"管理"一词对我们来说并不陌生，"企业管理""行政管理""财务管理""后勤管理""学生管理""人力资源管理"等词语经常会出现在我们的日常生活当中。正因为不同时期人们面对的事物不同，研究的角度也就不同，所以就有"一百个管理学家，一百个管理的定义"。

比较有代表性的管理的定义有以下六种。

一是从工作任务的角度定义。如"科学管理之父"泰罗认为，管理就是要"确切知道要别人干什么，怎么去干，并且要用最好、最经济的方法去干"。他强调的是寻求最经济的方法完成工作任务。

二是从组织效果的角度定义。如苏联管理学家波波夫认为，管理和土地、劳动力、资本一样都是一种生产资源，一个公司的管理将会在很大程度上决定他的生产效率和营利能力。从这个角度讲，管理就是生产的第四要素。

三是从文化的角度定义。如美国管理学家德鲁克认为，"管理不只是一门学问，还应该是一种文化，它有自己的价值观、信仰、工具和语言"，管理"根植于一种文化、一种价值传统、习惯和信念之中"。

四是从决策与管理的重要性的角度定义。这种观点认为，管理就是决策，如诺贝尔经济学奖获得者西蒙就提出"管理过程就是决策的过程"。

五是从效率和效果的角度定义。这种观点认为，管理就是"做正确的事""正确地做事""把事情做正确"。

六是从通俗意义上的认识的角度定义。这种观点认为管理就是带领别人去实现目标，一方面，管理的对象是组织各种资源去完成各种功能目标的活动；另一方面，确定了人是最核心的要素，也就是人是这些活动和资源的中心。管理，归根结底就是对人的管理。

国内也有许多专家提出了各种不同的定义。比如1994年，杨文士和张雁提出"管理是指组织中的管理者通过实施计划、组织、人员配备、指导与领导、控制等职能来协调他人的活动，使别人同自己一起实现既定目标的活动过程"；1997年，由刑以群提出"管理就是由计划、组织、领导和控制等形成的一个不断循环的系统的过程"；1998年，徐国华提出"通过计划、组织、控制、激励和领导等环节来协调人力、物力和财力资源，以期更好地达成组织目标的过程"；1999年，周三多提出"管理是通过信息获取、决策、计划、组织、领导、控制和创新等职能的发挥来分配、协调包括人力资源在内的一切可调用资源，以实现单独的个人所无法实现的目标"；2000年，吴照云提出"所谓管理，就是在特定的环境下，对组织所拥有的资源进行有效的计划、组织、领导和控制，以便达成既定的组织目标的过程"。

2. 管理的职能

法约尔认为管理有五大职能，即计划、组织、指挥、协调、控制；孔茨则是把"计划、组织、人事、指挥、控制"视为管理职能的内容；古利克则是提出了管理的七个职能，即计划、组织、指挥、协调、控制、人事、沟通；厄威尔则是强调管理的三个职能，即计划、组织和控制；诺贝尔经济学奖得主西蒙则认为管理的职能包括计划、组织、控制、人事、决策。

3. 管理理论的发展

随着管理实践的发展，人们对管理活动逐步产生了认识，这种认识就是管理思想。将管理思想系统化、科学化并且上升到理论形态，就成为管理理论。

古典管理理论形成于19世纪末和20世纪初，主要是以"经济人"假设为基础的、以物为中心的"物本"管理理论，在研究方法上主要侧重于从静态的观点分析管理活动的一般规律。代表性理论有泰罗的科学管理理论、法约尔的管理过程理论和韦伯的行政组织体系理论等。

到第二次世界大战后，特别是20世纪60年代以后，美国管理学家孔茨又一次对西方的管理理论作了一个系统的总结，发表了《管理理论的丛林》一文。他把各种管理理论分成六个主要学派，即管理过程学派、经验或案例学派、人类行为学派、社会系统学派、决策理论学派、数学学派。他认为应该走出这个丛林。但是至今仍有很多专家学者对是否存在管理理论丛林的现象持不一致意见，并有人提出"如果存在，是否有必要走出这个丛林"的疑问。现在，一般认为管理理论丛林中主要的管理学派包括管理过程学派、人类行为学派、经验主义学派、社会系统学派、系统管理学派、决策理论学派、管理科学学派、权变理论学派、人际关系学派、群体行为学派、经理角色学派。

进入20世纪60—70年代，西方管理学界出现了许多新的管理理论，比如企业战略管理、精益思想、全面质量管理、业务流程再造、核心能力理论、学习型组织。一般说来，企业战略管理的内容包括战略分析、战略选择与评价、战略实施与控制；全面质量管理具有多指标、全过程、多环节、综合性的特征等。这也说明现代管理理论的发展趋势是把管理中的精确性和模糊性相结合。对精确性管理的研究已逐渐成熟，但在管理过程中还存在着大量的不清晰、不确定、不完美的情况，不能只注重精确性而忽视事物发展的本质，也不能单纯用模糊的方法去管理。在管理上，只有把两者有效地结合起来，才会真正使管理活动更加可控、更加富有活力。现代管理理论认为，采用行政方法进行管理比较简单、直接、有效，但由于它本身的特点，如果单纯采用行政方法或者滥用行政方法，就会产生诸多不良影响。

（三）高校后勤

1. 高校后勤的定义

高校具有培养高级专门人才、创新知识、发展科学、服务社会的职能和作用，这些职能和作用是通过系统的教学活动、科学的管理活动、创新的科学研究等来实现的。而教学活动、科研活动、管理活动的组织运行需要一定的后勤服务；同时，这一系列活动的主体——师生员工的生活也离不开后勤的保障。高等学校的后勤是指为高校的教学、科研、管理及师生生活提供保障和服务的活动、机构和人员的总称。

依据后勤服务的内容和性质，高等学校的后勤可以分为"生活服务后勤"和"专业服务后勤"两大类。

生活服务后勤主要是为师生的日常生活提供服务和保障的活动。例如，学生的饮食服务、宿舍管理服务、洗浴开水服务等。生活服务是高校后勤服务的基本内容，其服务内容多样、服务对象复杂、服务责任较大。

专业服务后勤主要指为教学、科研、管理等提供服务和保障的活动。例如，教学活动场所的管理、教学科研活动所需的动力保障等。专业服务活动是高校后勤所独有的服务内容，是一种特殊的专业性服务。

2. 高校后勤的属性

（1）经济属性

经济属性是高校后勤所具有的重要属性，指高校后勤要遵循经济规律，依照市场经济的基本原则进行经营、管理和服务。高校后勤的经济属性是由高校后勤的服务内容决定的。因为高校后勤是社会第三产业的组成部分，其服务内容包括学生餐饮、校园物业、水电供应、公寓管理等，除饮食等少量项目属于生产经营性项目外，其他大部分是服务或管理。服务也是商品，服务具有一定的使用价值。所以，以服务为主要内容的高校后勤就必然具有经济属性。

在进行后勤社会化改革之前，我国高校的后勤服务模式大多是"福利型"。后勤的运行和发展依赖国家的财政拨款，纳入学校的财务预算，广大师生享受着免费服务，后勤部门及后勤人员外无竞争压力、内无发展动力。这种模式实际上否定了高校后勤所具有的经济属性。伴随着社会主义市场经济体制的建立，人们开始运用市场经济的规律来研究和解决高校后勤在运行中出现的各种问题和困难。于是，高校在政府的主导下开始了后勤社会化改革，将原有后勤服务经营人员、相应资源及操作运行从学校行政系统中剥离出来，组建自主经营、独立核算、自负盈亏的后勤实体，以企业化、市场化、专业化的形式承担高校的后勤服务和后勤保障任务；同时让社会上的资金、技术、人才也走进学校。可以说，高校的后勤社会化改革取得了重大的阶段性成果，不仅有力地解决了高等教育在快速发展中的"后勤瓶颈"问题，而且成功地找到了高校后勤发展的动力。这是人们正确认识并利用高校后勤的经济属性而得到的结果。

在后勤社会化改革的新形势下，高校后勤的经济属性具有十分丰富的内容和表现形式。首先，后勤组织形式的企业化。后勤社会化改革打破了原来唯一的后勤"官方"机构形式，许多高校建立了甲方、乙方的组织模式，组建了自主经营、独立核算、自负盈亏的后勤实体。其次，后勤的经营机制实现了市场化。后勤遵循市场经济的基本规律，配置后勤资源，调整分配办法，改革用人机制，建立了有效激励、平等竞争的市场机制。最后，后勤服务的内容逐步实现了商品化。

（2）教育属性

教育属性是高校后勤的本质属性，指高校后勤要遵循教育规律，坚持服务育人、管理育人的宗旨，为教学、科研和师生服务。高校后勤的教育属性主要是由高校后勤的服务对象和服务性质决定的。高校后勤是高校工作不可或缺的组成部分，其服务对象是社会中的特殊群体，其除了满足师生的生活、学习等需要外，还承担着服务育人、管理育人的任务。因此，高校后勤的属性离不开教育的属性。

在把握高校后勤教育属性之前，有必要加深对教育属性的认识。教育属性的核心是公共性，即教育具有既使整个社会受益，又使社会生活中的每一个人受益的功效和职能。而公共性的本质体现为公益性。因此，高校后勤教育属性的根本是遵循公益性原则，以师生为本，以服务教学和服务科研为目的。

（3）教育属性和经济属性的关系

教育属性和经济属性之间存在着辩证统一的关系。经济属性决定了后勤要注重经济效益，追求经济效益的最大化；教育属性要求后勤要注重社会效益，以服务为目的，以学校和师生利益为根本。这两种不同的属性在高校后勤服务中形成了矛盾。只有搞好后勤经营，经济效益提高了，后勤部门的经济实力增强了，后勤才具有发展的潜力和服务的实力，才能为学校提供更多、更好的服务，提高社会效益，真正实现后勤服务育人的宗旨，否则为师生服务只能成为一句空话。同理，后勤注重社会效益，赢得师生、员工的信赖和支持，又会巩固后勤在校内市场中的地位，吸引更多的消费者，促进后勤部门经济效益的增长。因此可以说，经济属性和教育属性是相互统一、相互促进、互为发展动力的。

在处理教育属性和经济属性的关系时，要力戒两种片面的倾向和做法。其一是重视经济属性，弱化教育属性。在日常的后勤工作或改革过程中，后勤实体从学校的行政系统剥离后，后勤的经费由原来的拨款机制转变为通过服务收费的"拨改收"机制，后勤经费的"铁饭碗"被打破，危机意识和经营风险陡然而生。因此，可能会出现片面追求经济效益、置师生利益于不顾的现象。长期下去，必然造成与服务对象之间的对立，影响学校的稳定与发展，背离高校后勤改革的方向和宗旨。其二是强调教育属性，忽略经济属性。在旧的体制下，学校对后勤"大包大揽"，后勤工作不讲成本，没有效益，使得后勤服务成本与日俱增，服务质量每况愈下，服务态度受到指责，这也使后勤成为制约学校进一步发展的"瓶颈"。造成这一问题的根本原因是学校忽视了后勤的经济属性。我们在讲教育属性的时候切不可忽略经济属性，一定要正确认识后勤的经济属性对后勤长远发展的作用；否则，将有可能再次走向过去后勤管理"小而全"的纯福利状态。

（四）后勤管理

后勤管理是管理者应用一定的原理、方法和手段，通过一系列特定的管理行为和领导活动，使全体成员努力工作，以达到后勤工作目标的过程。后勤管理是管理的一种形式，是管理的一般本质在后勤管理中的一种表现。后勤部门是为一个单位的职能活动提供物资保障的机构，它是为职能活动服务的。

因此，后勤管理的任务就在于动用各种管理手段，通过组织、指挥和协调后勤职工的活动来创造一个远比每个个人活动力量总和要大的后勤保障力量，以便高效率和高质量地完成后勤工作任务，进而保证单位职能工作的顺利开展。后勤管理是一项非常重要而又常常被人们忽视的管理活动。在其他条件相同的条件下，一个单位后勤工作的好坏主要取决于管理水平的高低。

英语中的 logistics 既指后勤、后勤管理，又可指后勤学。后勤代表了一系列后勤活动（如运输、仓储、服务等），后勤管理则是对实际的一系列后勤活动的管理。由于后勤总是在有组织和管理的方式下进行的，所以后勤与后勤管理不过是一个事物的两个方面。

（五）高校后勤管理

根据著名管理学家斯蒂芬·罗宾斯的观点，管理是与其他人一道或通过其他人使活动完成得更加有效率的过程。离开了计划、组织、领导、控制等管理活动，人类的各类组织是无法经济有效地完成自身使命、达到既定目标的。传统高校后勤管理模式无法适应新时期高校改革和发展的要求，除制度、资金、技术、人才等方面的原因之外，管理落后是一个重要的限制条件。高校后勤管理就是政府、高校、后勤服务实体等主体为达到预定的经济和社会效益目标，对高校后勤进行的领导、计划、组织、协调、监督和控制活动。它既包括政府和高校对于高校后勤的外部管理，也包括高校后勤服务实体对于后勤活动的内部管理。

由于高校后勤服务对象的特殊性，高校后勤服务实体不能等同于一般的社会企业，它在向高校提供后勤服务的时候必须考虑到一定的公益性，必须服从高校培养高层次人才的目标。然而，高校后勤服务实体在市场经济条件下，特别是在实施了社会化改革以后，为了创造更大的经济效益有可能无视其社会效益目标，因此政府和高校必须对它进行必要的管理和监督，使其在经济效益和社会效益方面取得平衡。在高校后勤社会化改革过程中，为了在全社会范围内整体推进后勤社会化，政府也必须通过管理对后勤服务实体进行规范和引导。管理能够产生效率并进而产生效益，传统的高校后勤服务体系之所以服务质量比较低、保障力度比较弱，缺乏规范、科学的内部管理制度是一个关键的原因。

在实施后勤社会化改革以后，高校后勤服务市场逐步放开，新组建的高校后勤服务实体和外部参与后勤服务的组织将展开公平竞争，管理上的差距将直接影响竞争力的强弱。因此，有必要把现代管理的思想和方法引入高校后勤管理，在战略、营销、财务、人力资源和物流等方面进行观念的变革和系统的重组，建立起科学、规范的管理制度，增强后勤服务实体的竞争力。

二、高校后勤管理的对象

管理的对象可以概括为两个方面：一个是组织的资源，另一个是组织的活动。组织的资源是活动开展的条件和活动完成后的结果；组织的活动是组织资源运动的过程。

人们对于组织资源的一般理解是"人、财、物"。"人"主要是指组织的成员，人是管理的根本，管理实质上就是人的管理。"财"主要指组织的资金，在市场经济里如何筹集资金、运用资金是组织生存的基础。"物"主要指组织的实物（除货币外）资产，这是组织开展生产经营活动的基本条件。随着知识经济的到来，人们对于组织资源的理解有了突破，主要表现在"信息"成为重要的管理要素；无形资产的比重日益加大，并日益成为组织营利能力最强的资产；客户、供应商、良好的关系等，也是组织重要的资源。总之，凡是有助于组织成功地完成其使命、达到其目标的稀缺因素，都是组织的资源。

组织的活动是为完成组织的目标，将组织的资源以各种方式结合起来，并依照一定的程序和步骤发生物理的、化学的、生物的、社会的相互作用，达到人们预期的结果。资源的组合方式、运动过程安排是重要的无形生产要素，是管理、技术、知识对于生产过程的渗透。面向过程的管理正成为管理发展的重要趋势。对资源的管理是静态的管理，对活动的管理是动态的管理。只有静态的管理，人们无法追赶环境的飞速变化；只有动态的管理，管理会失去依凭；有效的管理是二者的结合。

从资源的角度来看，高校后勤管理的对象主要有后勤资产、后勤员工、后勤客户、后勤信息。后勤资产包括货币资金、库存、债权、固定资产、无形资产等，后勤资产管理的目的是实现资产的保值增值。后勤员工是后勤活动的执行者，其素质是后勤服务质量的根本保证。后勤员工管理或者说后勤人力资源管理是为了满足后勤业务开展对人力资源的需求，通过人力资源计划、招聘、培训等活动实现后勤员工和后勤实体的共同发展。后勤客户包括后勤实体的供应商、分销商、合作伙伴和顾客（主要是高校师生），后勤客户管理的主要目的是同客户建立良好关系，实现整个供应链的价值最大化。后勤顾客管理不同于一般的顾客管理，不仅要立足于满足顾客的需求，而且还要发挥一定的教育功能，引导顾客树立正确的价值观念并形成健康的生活方式。后勤信息包括财务信息、市场行情、客户信息、竞争对手信息、合作伙伴信息、员工信息等。后勤信息管理对于后勤服务实体适应日益不确定的环境、提高应变能力十分关键。后勤服务实体有必要建立内联各下属单位和部门、外联各利益相关者的信息系统。

后勤活动也是后勤管理的对象。高校后勤除了少量生产、加工活动外，大部分是服务活动，包括商业服务、饮食服务、住宿服务、绿化服务、通信服务、维修服务、运输服务、医疗服务等，涉及教学、科研和师生生活的方方面面。后勤服务的性质具有多样性和复杂性，大致可以分为经营性、半经营性、公益性等。经营性服务主要以营利为目的，如校园内的酒店、招待所、理发店、书店、超市等面向校内外提供的服务，基本上按照市场价格收费，要核算成本和利润。半经营性服务主要指虽然是收费服务，但不以营利或只以微利为目的，比如说校园食堂、公寓提供的服务。这些服务一般与师生生活联系非常紧密，而且涉及国家教育发展政策的贯彻实施，所以不能采取市场定价，并且会得到国家一定程度的补贴。公益性服务则基本不收费或者不向师生收费，是后勤服务实体按照和高校达成的契约所提供的附带服务或者管理性服务，例如校园绿化、安全保卫等。为了提供优质的服务，后勤服务实体内部也要进行一系列的活动，比如为实体筹集、运用资金并管理资产的财务活动，反映实体财务状况、经营成果、现金流量并进行内部控制的会计活动，负责人员招聘、培训、调动、奖惩的人事活动，负责市场调查、客户关系、分销与推广产品的市场营销活动，进行商品采购、运输、存储、保管、配送的物流活动等。为了使这些活动能够高效率的开展，并且能够为了同一个组织目标而协调一致的进行，卓有成效的管理是十分必要的。

三、高校后勤管理的特点

（一）社会性

后勤管理的社会性特点可以从以下三个方面来理解。

1. 后勤管理的内容

简单地说，高校后勤管理就是对后勤部门的各种资源进行优化配置和协调使用，有效实现后勤目标利益最大化的过程。其基本内容包括以下四个方面。

（1）生产要素管理

生产要素指进行社会生产经营活动时所需要的各种社会资源。现代西方经济学认为，生产要素包括劳动力、土地、资本、企业家才能四种。随着科技的发展和知识产权制度的建立，技术、信息也作为相对独立的要素投入生产。高校后勤负责学校的餐饮、住宿、物业等一系列重要工作，其首要的工作任务就是对学校现有的生产要素如食堂、宿舍、资金、设备、物品等进行管理，通过合理配置和优化协调这些生产要素来达到后勤为学校和学生服务的目的。生产要素管理是高校后勤管理的重心，其涉及的人、财、物、设备等资源是后勤得以运作的物质基础和基本保障，将生产要素进行科学、有效的管理并使之发挥最大经济效益是高校后勤管理的不懈追求。

（2）生产关系管理

生产关系是人们在物质生产过程中所结成的人与人之间的关系，它包括生产资料所有制形式、人们在生产过程中的地位关系、产品分配方式。凡是有劳动存在的地方就有生产关系。后勤部门是为高校提供服务的部门，后勤工作人员按照工作规定的要求进行劳动，在劳动中根据职务需要及个人素质不同而进行不同的分工，这就产生了岗位、地位及薪酬等的不同。如何对人员进行合理利用及协调不同岗位、不同人员之间的关系，保障生产过程中人与人之间的和谐，是后勤管理工作的重点。在对后勤员工进行管理的过程中，如何做到知人善任、人尽其才，以及用各种激励手段协调员工之间的关系，是后勤管理的一门艺术。

（3）政治关系的调节

目前，我国高校后勤多数是在党委领导下的后勤组织部门，保障我国高校后勤的社会主义方向性原则是高校后勤管理的首要原则。高校后勤在管理过程中要注意充分发扬民主，按规律办事。后勤部门要始终坚持为教学服务、为科研服务、为师生员工服务的宗旨，并且要始终坚持服务育人、管理育人的宗旨，将学校和师生的发展放在第一位，一切为教育教学工作服务。

（4）思想文化观念的调节

在管理活动中，思想文化观念是管理活动的灵魂。思想文化观念属于意识范畴，人的意识在生产活动中具有决定性作用，其自身固有的目的性、计划性、创造性会决定生产活动的质量及成果。在后勤管理的过程中，逐步培养员工的思想道德修养与文化修养，树立爱岗敬业的观念，有助于员工以主人翁的责任感投入后勤工作当中。一方面，提高了工作的质量，为打造优质高效后勤提供了可能；另一方面，员工的这种思想文化观念有助于形成良好的后勤文化氛围，这种氛围一旦形成，便会反作用于组织，有助于后勤成员形成强大的集体责任感及凝聚力，为共同的目标而奋斗。

2. 后勤管理与社会的联系

各单位的后勤离不开社会的供给、无论是物资、设备、能源、交通，还是人员、技术、空间、信息，都要由社会来提供，各单位的后勤要受社会的制约和影响。所以，社会是各单位后勤工作的"总后勤"。

3. 后勤管理发展的方向

各单位的后勤服务正在向社会化的方向发展。数量更多、范围更广的后勤服务将随着社会的进步逐步由社会承担，后勤服务社会化迟早要实现。社会性这一特点要求后勤管理人员既要充分注意和利用社会上的各种条件为本单位服务，又要力所能及地创造条件为社会服务，改变封闭式的后勤管理。

（二）经济性

后勤工作既是行政工作，又是经济工作。后勤服务劳动属于商品经济范畴。后勤工作的实质是通过市场经济手段和生产（劳务）、交换、分配、消费四个环节，对后勤资源进行高效的配置，而经济核算则是后勤工作的重要内容。

（三）协调性

后勤管理工作要做到适时、适量、恰到好处，就必须掌握高校办学的内在规律，与各方面的工作相协调，如教学、实验、实习等不同环节，为教学、科研创造必需条件，提供可靠的物质保证。要协调好这些关系、处理好每个环节，就要做到后勤内部机制的协调运转，使之形成一个横向到边、纵向到底的服务网络。

（四）服务性

后勤工作是服务工作。从它的管理对象来看，后勤工作并不直接体现一个单位的职能，而是体现单位职能活动所进行的服务性工作。服务是后勤管理的一个特点，也是后勤管理的全部意义所在。

（五）时间性

第一，各个单位的职能活动是一个有严密组织、严格程序的过程。为职能活动服务的后勤工作也必须按照这些程序的要求进行管理。每项服务工作都因职能活动的需要而有确定的时间要求，这就决定了后勤管理具有很强的时间性特点。

第二，时间性还体现在"后勤先行"方面。任何活动都要有一定的物资条件做保证，以一定的物质条件为基础和前提，后勤工作就是提供基础和前提的工作。

第三，时间性还表现在很多后勤工作受到季节的影响和制约，违背了季节的要求，就会出现失误、造成损失。

（六）复杂性

后勤管理工作繁重、任务多，是复杂性的主要特性。诸如人事、财务、物资、设备、基建、房屋、伙食、交通、医疗、卫生、园林、环保、幼儿教育以及其他各项综合服务工作，都由后勤部门管理。政策性强是其复杂性的又一个特性。后勤管理部门都必须按照党和国家既定的方针、政策、法令、法规办事，决不能随意而行。涉及面广、内外关系多，是后勤管理复杂性的第三个特性。

在目前社会这个大"后勤"尚不完善的情况下，要完成这种全面的主体服务，各单位就不可避免地形成"大而全"的后勤服务体系，后勤机构庞大、服务项目齐全，把职工的衣、食、住、行、生、老、病、退、死等事宜几乎全部包下来。而要完成这诸多的服务内容，后勤既要与单位的每个职工打交道，又要与社会的有关部门保持经常性的密切联系，不仅有纵向联系，而且还有横向联系，不仅涉及人，而且涉及财、物、时间和空间。

（七）群众性

后勤管理的大量工作与群众有着密切的关系，是为广大群众服务的，与群众的切身利益有密切的关系。它必须天天接受群众的监督和检验。为了搞好后勤管理，还必须坚持发扬民主，坚持群众路线，这是依靠群众、相信群众、做好后勤管理工作的重要方法。

（八）先行性

"后勤"原来是相对于部队作战的前方而言的，其"后"字是个空间概念，而不是时间上的概念。实际上，"后勤"并不指工作可以后做，恰恰相反，必须先做。"兵马未动、粮草先行"就确切地反映了后勤工作的客观规律。

对高等学校来说，后勤管理工作的先行性首先表现在以下三个方面。

第一，办学必须具备一定的设施条件。因此，在筹建学校的过程中，首先要抓基建、设备以及为师生员工准备必要的生活条件等，否则就不能引进教师、招收学生。

第二，在学校规模不断发展扩大的过程中，也要始终抓住这项工作不放松。要提前做好教学、科研和生活所需的各种物资准备工作，否则就成了无源之水、无本之木，影响学校各项工作的开展。

第三，后勤管理工作贯穿于学校工作的始终，学校的任何工作和活动都必须有充分的物质条件做保证，这些物质条件的提供都是先于学校其他活动的。

（九）知识多科性

后勤管理需要有广泛的知识作为基础，在社会科学领域涉及管理学、会计学、教育学、心理学、社会学、法学等，在自然科学领域涉及的学科则更为广泛。在后勤工作中，知识多科性又表现在专业技术种类繁多，这就要求后勤管理人员必须有广泛的知识和专业常识。

（十）专业技术性

随着科学技术的发展，单位专业门类越来越多，后勤又是单位专业最集中、最密集的领域。专业门类多、技术性强是现代后勤的一大特点，这个特点使后勤管理具有很强的专业技术性。

四、高校后勤管理的职能

高校后勤管理作为宏观管理中的一种，具有一般管理所具有的共性职能，例如计划职能、组织职能、控制职能等。除此之外，它还具有自己特殊的管理职能，即服务职能、教育职能。

（一）计划职能

计划职能是管理活动最基本的职能之一，有管理活动存在的地方就必须有计划。高校后勤承担了学生基本生活服务、社区商业服务、基础设施服务等方面的工作，任务宽泛而复杂。面对庞大的后勤工作系统，为了保证各项工作可以顺利开展和有条不紊的运行，在后勤的管理工作中离不开周全而可实施的计划。科学完善的计划可以有效地指导管理活动，可以减少管理工作的盲目性与风险性，从而为后勤组织目标的顺利实现创造有利条件。

（二）组织职能

在管理活动中，组织职能所发挥的作用就是对组织所拥有的资源，如人、财、物、信息等进行协调配置和合理规划，使之按照一定的程序运作，以实现组织目标的过程。在高校后勤管理的过程中，通过对后勤部门人员、物品、设备、资金等生产要素的组织规划和协调使用，可以优化后勤资源的利用效率，提高工作人员的工作效果，为整个后勤部门优质、高效地实现组织目标提供可能。

（三）控制职能

控制是管理职能中的重要一环。通过控制活动，一方面，可以及时纠正和修补工作当中出现的偏差；另一方面，可以根据内外部环境的变化适时的修正原本的目标与计划，以确保组织朝着正确的方向发展。高校后勤管理中的餐饮管理等工作，尤其要注重控制职能的发挥。在涉及饮食安全、健康等环节中，一定要严把质量关，健全前馈、现场和反馈控制系统，为学生的安全负责。

（四）服务职能

随着后勤社会化改革的进行，高校后勤在运行的过程中需要比以往更加注重效益指标。但作为高校的后方勤务保障，效益只是保障后勤运作的一个因素，其服务品质才是最重要的指标。高校后勤存在的根本意义，就是充分发挥其服务的作用，为高校的正常教学生活提供后方勤务保障。正是由于高校后勤在大学中的这种特殊地位，决定了它管理活动的"三服务"宗旨，即为教学服务、为科研服务和为生活服务。大学后勤管理越是充分发挥其服务职能，就越能体现它的存在意义和特殊性质。

（五）教育职能

教育职能是高校后勤管理所具有的特殊职能之一。后勤作为为高校教育教学工作服务的部门，在进行管理的同时，要遵守两个育人宗旨，即管理育人和服务育人。高校后勤的教育职能体现在为师生员工提供优质服务，创造优良的学习环境中。以服务育人、以环境熏陶人、以规范化操作引导人，后勤管理在无形中对学生进行着教育活动，是高校后勤管理区别于其他一般管理的重要标志。

五、高校后勤管理的原则

（一）育人原则

服务育人与管理育人原则是后勤工作的目标与过程所规定的指导要求。目标指后勤服务工作的宗旨与目的，过程指体现宗旨与目的的组织管理和展开具体服务的活动。服务育人与管理育人要求后勤工作者在贯彻服务宗旨、达到服务目的的同时获得育人的结果，在具体组织管理和服务活动的决策安排、设计、实施过程中要具有育人的意识，落实育人的基本任务，体现育人的实际功效。

服务育人与管理育人原则既是目标与过程的要求，又是指导思想与具体工作的统一，就其内涵而言，具有"隐性"和"显性"两个层次。显性层次所体现的是后勤服务管理部门为体现服务宗旨与目的的外在服务行为、服务环境、服务规范、服务过程、服务形象，并通过这些来教育约束服务对象，使之养成基本的社会公德和文明行为规范、良好的生活与学习习惯和正确的社会态度。隐性层次所体现的是后勤工作的所有组织管理活动要有助于在潜移默化中对大学生的社会认识、心理健康、价值观、人生观、世界观的养成产生积极的影响。

（二）协调原则

一是在学校这个整体中，后勤工作作为学校整体工作的一个重要组成部分，它的稳定、发展和建设应与学校教学科研工作的发展相匹配、相协调，学校对后勤服务的软件与硬件投入必须与学校对教学科研的投入相协调、相配套。

二是后勤部门作为一个整体，其内部的各个行业部门应协调发展、集约经营，体现出整体的效益，形成对学校教学科研和师生员工生活进行综合服务的保障体系。后勤部门要对需要与可能、当前与长远、局部与整体、有利因素与不利因素、内部条件与外部环境、先进环节与薄弱环节等进行全面统筹安排，合理而有效地利用人、财、物资源，保证学校各项活动的顺利开展。整体协调的根本出路在于根据形势、任务的发展，及时调整高校后勤管理模式，充分发挥职能部门的作用，形成良性循环。

（三）效益原则

第一，育人的效益。后勤工作的特征决定在其服务、经营、管理的过程与结果中体现育人的特性。因此，如果忽略了这方面的特性，单纯追求经济效益，一定会导致工作方向的偏离。这里必须处理好"市场"与学校需求之间的落差，市场消费水准与党和国家希望培养人才的要求之间的不同差别。高校后勤服务行业的服务保障目的重于其营利的目的。

第二，社会效益与经济效益相辅相成、互相促进。后勤工作在现阶段既不可能很快割断旧体制延续下来的福利型供给制的各种因素，同时受社会主义市场经济机制的影响，所以出现了高校后勤服务工作的商品化与福利性并存的局面。处理这两方面的关系时，我们既要把握社会主义高等学校后勤工作的总方向，全心全意为培养人才服务，使服务项目、内容、场所等安排设计不悖于培养"四有"新人；又重视讲经济效益，即通过多元化、多层次地为师生员工有偿服务和为社会服务来积累更多的资金，创造更多更好的服务设施，将经济效益转化为社会效益，以满足日益发展的教育科研事业和师生员工的生活需要。

第三，人、财、物的整体平衡、合理利用、有利于学校协调发展的综合效益。后勤服务工作管理的目标是获取最佳的社会效益、经济效益，这两项效益的良好结果会呈现出育人效益。要使这些效益显示出来，必须对人、财、物安排整体平衡，即对服务过程的各个因素和各个环节进行协调平衡、合理利用，使人、财、物的安排、使用方向与使用构成相一致，避免浪费、重复与盲用。人、财、物的整体平衡、合理利用的另一个重要方面是量力而行，不留缺口，不超资源分配和超前消费，使当前需要和长远需要相结合、连续性与稳定性相结合、现实需求与潜在需求相结合。

（四）优化原则

后勤管理的专业优化和管理科学化的内在要求具有两方面内容：一是系统管理的科学化、法制化、规范化，在整体上使后勤这一综合性管理部门实行专业优化的归口管理。二是后勤的各个分支机构具有很强的专业特征，也面临着队伍、技术手段、管理手段、管理方法的专业优化。后勤归口管理的专业优化是高校后勤工作经历了十年的改革后逐渐形成和发展起来的一个新概念。

"福利型"后勤的传统观念被打破，高校后勤管理部门普遍按"两权分离"的原则，即在学校财产所有权不变的前提下，赋予后勤管理部门以财产的支配与使用的权利，实行经济责任承包制，使后勤工作的系统管理得到第一次"专业优化"，充分调动了管理者与劳动者的创造热情与工作积极性，使自主服务经营权转化为服务质量与服务水平的不断改进、服务项目和服务内容的拓展、服务过程成本消耗的降低。

从 20 世纪 80 年代后期到 90 年代初，后勤管理工作开始了第二次系统管理专业优化的进程。即依据社会主义初级阶段的理论与特征，从市场和价值规律，从后勤工作的领导体制、运行机制、法规措施、队伍建设、团体文化系统的建立等全方位地去思考、实践、改革，使之形成一个系统结构优化的、具有社会主义特色的高校后勤工作体系。

随着上述体制与机制上的优化，后勤各个分支部门的专业优化进程也取得了重要进展。根据各分支专业特性形成了一套优化的、符合现代化生产管理要求的管理机制、管理目标、管理手段、管理队伍、管理方法。如饮食、车队、招待所等服务部门的"全员标准化服务"，后勤工业产业部门的"企业化管理"等都反映了专业优化这一原则在实践中的运用。

（五）民主原则

民主参与的原则是高校后勤管理一个重要的具有中国特色的管理原则。它既符合党的民主集中制原则，又印证了现代管理理论中的"决策民主意识"和"管理过程参与意识"，是在管理实践中起重要作用的基本法则。

民主参与原则有两层含义：其一是从管理客体上验证，让师生员工民主参与后勤管理、决策。其二是鼓励和强化管理主体的参与意识，即"主人翁"意识。后勤管理的实践证明，实现有效的目标管理需要充分调动系统内人员的积极性，并取得系统外人员的理解与认同。让师生员工和系统内职工"民主参与"后勤管理，既沟通内外，让外部人员理解后勤工作的艰辛，又使管理决策与过程监控、目标的完成度变得充分透明，体现后勤工作人员心中有群众，全心全意为人民服务的方向与宗旨；同时激励内部职工主动参与决策与管理过程，明确管理目标及本身在实现目标过程中的角色位置。

后勤管理的实践与现代管理理论说明，在管理措施、管理实施、管理评价过程中，最核心的是"人的因素"，因为实现上述环节的是人而不是其他。民主参与原则的核心就是调动人在管理诸环节中的主观能动性与主体创造性。实践也证明，群众中蕴藏着丰富的智慧、才能与创造力。

第二节 高校后勤管理的历史沿革

一、从单纯的服务工作逐步发展成为全方位的综合工作系统

从 20 世纪 50 年代到 60 年代上半期，同整个中国社会一样，我国高校的广大师生员工也都具有强烈的责任感，大批工人、农民及其子女的入校深造给我国高校输入了新鲜血液，形成了追求理想、勤奋学习、遵守纪律、艰苦朴素的优良学风。高校后勤管理的直接任务就是为教学科研和师生员工的生活服务。而目前，后勤部门已不再是单纯的服务部门，而是集管理、服务、育人于一体的综合工作系统。

二、从国家财政拨款为主逐步发展成为多渠道筹措资金

新中国成立初期，为了尽快建立新中国自己的高等教育，使其适应国家政治、经济、文化发展的需要，高等教育纳入了国家有计划、按比例发展的轨道。高校的经费全部列入中央和地方政府的预算之中，实行中央统一财政、三级管理体制，国家为教育事业投入了大量资金。

在长期的实践过程中，我国教育事业经费的管理体制曾经进行过几次调整，如实行"条块"结合，以"块块"为主的管理体制；"戴帽"下达，专款专用；"划分收支，分级包干"的新财政体制等。这些调整的共同特征仍然是以国家财政拨款为主，只是改进经费的使用权限。虽然不同程度地改善了经费管理体制，但也逐渐暴露出这种"吃皇粮""铁饭碗"的经费管理体制的局限性。20世纪80年代以后，随着改革开放的深入，这种局限性显得格外突出，高校规模不断扩大，国家教育经费却严重不足。为此，我国高校在逐步完善以国家财政拨款为主的前提下，开拓了筹措资金的新渠道，而且这种渠道日益增多，学校自筹经费的比重也日益提高，最高的已超过国家拨款（一般占国家财政拨款的10%~20%），从而逐步发展为多渠道筹措资金。

三、从封闭的自办后勤发展为与社会相结合的模式

长期以来，我国高校后勤逐步形成了以自办为主、自成体系的"小社会"，除了少量的项目（如房屋建筑、大型外科手术等）以外，一般的教学科研保障工作和生活服务，都由学校后勤直接承办，服务门类包括能源、交通、设备、房产、维修、绿化、伙食、通信、文具、家具、医疗、卫生、招待、托幼等，其服务规模因学校的大小有所不同，但大都独立于社会上同类服务行业，按行政事业单位的方式管理，实际上承担了一部分社会职能。形成这种格局有其客观需要与实际可能。

首先，许多地方的第三产业无力顾及高校的各种服务，当地的政府又难以承担如此繁重的任务，即使在大、中城市里，社会也存在较大的供需矛盾，很少有余力确保高校的后勤服务。

其次，原有的政策性保护措施提供了保障。为了确保高校的发展，国家和各级地方政府无论是在对高校供应的能源、粮油、副食品等的数量、质量和价格上，还是在税收、服务上，都制订了相应的保护性政策，从而保证高校自办后勤服务项目逐步扩大、质量日益提高。

最后，国拨经费不足，自办后勤可减少支出。由于国家拨付的教育经费相对不足，高校自办后勤可以使资金尽量在高校内部流通，减少商业性支出，发掘高校内部自己动手、艰苦奋斗、增收节支的潜力，从而提高资金利用率。

几十年来，高校自办后勤为保障教学科研工作和师生员工的生活做出了重大贡献。在特定的历史条件下，这种自办后勤的模式也为国家节约了大量资金。

随着高校教学科研水平和师生员工生活需求的不断提高，高校自办后勤力不从心、经费拮据的状况也日渐扩大。在形成自办后勤的社会原因尚未根本改变之前，以自办为主的模式当然不可能完全改变。但是，在新形势下，必须逐步改革后勤管理模式，即一方面加强自身服务系统，确保服务质量；另一方面，要向服务社会化迈出步伐，扬长避短，加强与社会的联系，利用社会可能提供的服务系统为学校教学、科研和师生生活服务，并利用后勤的力量为社会服务、增加收入、锻炼人才。

四、从单纯行政管理逐步发展成各个层面、各种手段相结合的管理体制

过去，高校从招生到后勤，完全纳入国民经济有计划按比例发展的轨道，由国家统包下来。后勤管理的纯行政手段正是与这种计划管理体制相适应的，它曾经为经济建设培养了大量人才，起到过重要的作用。

党的十一届三中全会以后，经济体制、科技体制和教育体制改革迅猛发展，具有一定经济属性的高校后勤管理，首先受到改革浪潮的冲击，管理体制和运行机制已不能适应改革的发展，如强调统一管理、计划管理的同时，没有利用价值规律和经济杠杆作用，责、权、利相脱节；后勤人员受"铁饭碗""铁交椅""铁工资"保护，既没有风险，更没有竞争，师生的意见和批评不具约束力，服务对象缺乏民主参与的积极性。

从1979年开始，后勤管理改革抓住管理体制和运行机制这两个根本环节，逐步建立了思想教育、行政管理、经济手段、民主参与相结合的管理体制。一是建立了以岗位责任制为中心的各项管理制度，后勤工作从经验管理向科学管理转化。二是建立了以承包责任制为中心的各项经营管理制度，并逐步由单项承包向总务处全面承包、由管理费限额承包向以创收养服务的经营承包发展。经济承包责任制的建立，初步解决了后勤吃学校"大锅饭"和单纯行政管理的问题，收到了良好的社会效益和显著的经济效益，成功地把经济手段运用于后勤管理。三是建立了多种形式的民主参与管理制度。一方面充分调动了后勤职工的积极性、主动性、创造性，激发和集中他们的智慧与力量，把思想工作的效果落在实处，使

行政管理处于群众的共同监督之下；另一方面发挥了师生民主监督、民主参与的作用，通过各种形式沟通后勤部门与师生之间的联系，彼此增加了解，使民主参与成为后勤管理的一个有机组成部分。

第三节　新时代加强高校后勤管理的意义

一、"三全育人"的重要体现

全国高校思想政治工作会议提出"全员育人、全过程育人、全方位育人"的育人方针，为新时代加强我国高校后勤部门服务育人提出了新的努力方向与任务要求。每个学生在校期间均能体会到后勤服务，后勤服务贯穿于学生在校过程的始终，涵盖了学生在校期间的大部分行为，高校后勤服务育人是高校"三全育人"的重要体现。

（一）贯彻全员育人的必然要求

全员育人指高校全体教职工，包括高校党政干部和共青团干部、思想政治理论课教师和哲学社会科学课教师、辅导员班主任和心理咨询教师等专兼职思想政治工作队伍和党务工作队伍，也包括其他学科教师和研究人员、各级各类职能部门的行政人员乃至教辅人员、后勤服务人员等，都参与育人过程。高校后勤服务人员是高校服务育人的主体，服务育人的质量直接关系高校"三全育人"思想政治工作的开展。

（二）落实全过程育人的重要途径

高校后勤服务育人工作贯穿一个学生学习成长的始终。从入学前的教育背景了解到学生毕业后的持续跟踪，都离不开高校后勤服务。高校后勤服务育人是一项长期工作，是高校"三全育人"思想政治工作的重要方面。

（三）落实全方位育人的有效保障

全方位育人就是要通过校内与校外、课内与课外、线上与线下多重维度培养学生，构建"思政"格局，真正落实立德树人的根本任务。高校后勤作为高校育人的课内课外有效联动的平台，可以充分调动各个方面的积极因素，落实全方位育人的根本要求，促进大学生的全面发展。

二、高校内部管理改革的重要环节

后勤管理工作是学校教育活动不可缺少的重要组成部分，是学校开展正常的教学、科研工作的重要保障。后勤管理水平的高低、后勤服务质量的好坏直接关系学校师生的工作、学习和生活质量。可以说，后勤管理工作在维护学校的稳定、促进学校的发展方面将产生愈来愈深刻的影响。

目前，高校的办学规模正在以前所未有的速度扩大，高校的办学条件也在不断地改善，高校内部的各项管理改革正在深入展开，作为学校三大管理工作之一的后勤管理，成为当前高校管理改革的重要环节。

三、实施科教兴国战略的必然要求

要建设有中国特色的社会主义，要实现中华民族复兴的梦想，必须走科教兴国之路，为此，党中央、国务院决定实施科教兴国战略。而高等教育在人才培养、知识创新、科技发展、社会进步等各方面都肩负着伟大而光荣的历史责任，高等教育发展得如何，直接决定着下个世纪中国能否实现中华民族的伟大复兴。

改革开放以来，高等教育取得了举世瞩目的伟大成就，但在办学条件、办学质量、结构效益，包括办学规模等方面，既不能跟发达国家比，也不能很好地适应我国长期经济发展战略的需要。因此，在今后一个时期内，我国高等教育将有一个较快的发展，高等教育的质量必然要有一个大的提高，高等教育的办学条件必须要有一个全面的改善。由于后勤设施和后勤管理的状况一直是制约高校发展的"瓶颈"，所以高校后勤管理改革是扩大办学规模、加快高等教育的发展速度、更好地实施科教兴国战略的必然要求。

四、"十大育人"体系的重要内容

2017年12月4日，中共教育部党组印发《高校思想政治工作质量提升工程实施纲要》，指出高校应充分发挥课程、科研、实践、文化、网络、心理、管理、服务、资助、组织等方面工作的育人功能，挖掘育人要素，完善育人机制，优化评价激励，强化实施保障，切实构建"十大育人"体系。服务育人是"十大育人"体系的重要组成部分，是高校育人工作的一个重要着力点。

"十大育人"体系要求高校要不断深化服务育人，强化育人要求，研究梳理各类服务岗位所承载的育人功能，并作为工作的职责要求，体现在聘用、培训、考核等各环节。"十大育人"体系中，服务育人要求充分发挥各类育人岗位的育人功能，后勤服务育人是"十大育人"体系中的重要环节，对构建体系完善的思想政治工作体制机制有着重要作用。

五、高校思想政治工作的重要途径

后勤系统是学校育人的第三课堂，后勤服务人员是"不上讲台的教师"。根据教育一致性原理，学校教学、科研和生活方面的一切服务工作都会对学生思想和心灵产生潜移默化的影响，对培养人才的质量产生影响。为区别于列入教学、实习、实践计划的第一课堂、第二课堂，服务育人被称为高校育人的第三课堂，不列入教学计划、不计成绩、不记入学籍档案，但又是一种高境界、高层次、高标准的服务，其作用和意义不可估量，是高校思想政治工作的重要阵地。

服务育人是高校后勤的宗旨，不仅是后勤的事情，更是学校的事情。服务育人是高校后勤工作的显著特色，是教育属性的体现。服务育人是高校后勤与一般机关、事业单位、社会企业后勤服务的根本区别，是衡量后勤社会效益、服务人员群体素质和整体办学水平的重要标志，应当在高校决策层、后勤执行层、服务操作层形成共识。当后勤服务发挥育人的作用时，简单劳动就上升为复杂劳动，服务人员就自然上升为合格的甚至优秀的"不上讲台的教师"，就为学校培养人才做出了贡献，同时实现了有尊严的体面劳动。

高校后勤服务育人，是服务者、服务对象的共同需要。服务育人，投入的是感情和关爱，收获的是社会效益，能加强服务者与学生的联系、促进他们之间的相互理解，使服务受到尊重，增加双方亲和力，是衡量服务社会效益的重要方面。服务育人，不一定要额外增加投资和服务成本，却能使学生、学校、社会多方受益，还能为服务者赢得良好的口碑。

六、落实"从严治校"办学方针的迫切要求

落实党的教育方针，坚持正确的办学方向，就是要落实"以教学为中心，从严治校，质量第一"的方针。好的教学质量需要好的办学条件和好的服务体系做保证。长期以来，由"学校办社会"造成的后勤管理机构臃肿、人员冗杂、整体素质偏低、管理水平不高、服务质量上不去等问题逐渐暴露出来，制约着学校的发展。高校后勤管理工作已经到了非改革不可的时候了，这是高等教育发展大环境的要求，也是各高校生存、发展的迫切需要。

第四节　高校后勤的教育地位及育人特点

一、高校后勤的地位

邓小平同志在谈及后勤的地位和作用时曾有过精辟的论述。1975年，邓小平同志在整顿科研教育工作时指出："没有后勤，科研搞不起来。"他在全国科学技术大会上郑重地宣布："我愿意当大家的后勤部长，愿意同各级党委的领导同志一起，做好这方面工作。"从邓小平同志谈及后勤的言论中可以看出后勤工作在全局工作中的战略地位。高校后勤工作在学校整体工作中的重要地位主要表现为基础地位和窗口地位。

（一）基础地位

与教学、科研等工作相比，高校的后勤工作并非学校的主要职能活动，长期以来受到一定程度的轻视和误解。不少人常常有这样的观念：后勤工作是服务性工作，是"伺候人"的行业；后勤工作是吃喝拉撒睡等繁杂的生活小事；从事后勤工作的人员素质都不高。近年来，随着服务行业的发展，随着高等教育改革的深入，人们对后勤的认识在不断地发生着变化，对其基础性的地位问题有了正确理解。

人必须首先吃、喝、住、穿，然后才能从事政治、科学、艺术、宗教等工作。衣、食、住、行是人们从事其他活动的基础，是第一位的工作，无论谁都离不开这个基础。就现阶段而言，各高校的吃、喝、住、行基本上都是由后勤部门提供的。没有后勤部门的保障，各高校的职能活动就无法正常开展，任何一所高校的职能活动要想正常进行，后勤部门就必须做好相应的工作。例如，创造师生生活、学习所必需的条件和健全相关设施，使职能活动所必需的物质条件达到齐备，这是后勤工作基础性的本质体现。后勤工作的基础性主要有三方面的内涵。

1. 先行作用

"兵马未动，粮草先行。"后勤先行指后勤的运行活动在时间上必须先于学校的各项职能活动，在内容上必须保证学校职能活动的正常运行。学校从创建开始，就必须优先考虑后勤，必须首先具备宿舍、食堂等生活服务设施。学生踏进校门，首先需要解决的不是学的问题，而是有饭吃、有水喝、有宿舍住的问题。学校正常运转后，为保障其正常运行，人们更离不开后勤的各项保障。近几年，不少学校随着招生规模的不断扩大，都规划并建设了新校区。在新校区的建设过程中，令学校领导关注和担心的仍然是如何能保证后勤先行推进和及时服务的问题。所以，学校想运行，后勤必先行；后勤不先行，学校难运行。

2. 保障作用

后勤先行强调的是在学校的职能活动开始之前后勤工作的重要性和必要性。然而，在学校的各项职能活动进行过程中，后勤的服务保障作用体现得更加明显。后勤因学校职能活动的进行而存在，但学校的职能活动也离不开后勤的服务保障。由此可见，后勤在学校工作的正常运行中，始终承载着支撑和保障的作用。

3. 配套作用

后勤对职能活动的配套作用指后勤在保障和支撑职能活动过程中发挥着与之协调的作用。任何一所高水平的学校都需要有高水平的后勤工作与之配套，这就对后勤的保障作用提出了更高要求。后勤的保障作用不能仅仅满足于一般性的需要，而是要与学校的地位、特色、形象，以及学校的发展和师生的期望相一致、相协调、相配套。

（二）窗口地位

窗口地位指后勤工作在塑造学校外在形象方面所具有的重要作用。我们知道，后勤通过绿化、保洁、修建等具体工作日复一日地美化、净化校园，创造着学校的硬环境。学校的硬环境又是学校形象的窗口，人们走进校园首先映入眼帘的是学校的大楼、花草树木、景观设置等，这些都是反映学校外在形象的具体要素，都是给外人第一印象的重要载体。

另外，后勤的服务质量和后勤职工的服务形象也都是学校形象的组成部分。如果一个学校的后勤人员素质差、服务态度恶劣，他们的行为也同样会殃及学校的形象，使人怀疑这个学校是否是一个管理有序的高等学校。

二、高校后勤的教育地位

我国高校后勤服务主体依托于高校，是党领导下中国特色社会主义高校后勤，以国家、集体和人民的利益为最高利益。不同于其他经济主体，高校后勤的发展不仅要考虑经济利益，而且要综合考量政治利益。后勤作为高校的重要组成部分，遵循有关教育规律，受教育规律的制约，遵循党的教育方针、政策，根据教育一致性的原则，为实现高校培养人才的总任务服务，这是它固有的教育属性。

高校后勤完整的保障体系是高校生存和发展的物质基础，是维护高校安定团结最可靠的组织保障。在高等教育组织序列中，后勤是高等教育管理科学中一个重要组成部分，它的组织架构是其教育地位最直接的体现。虽然教学、科研是高校的中心工作，但是如果没有一个能够适应学校发展的后勤服务保障体系、一支忠诚于党的教育事业的后勤队伍，师生的生活将无法得到保障，学校也将无法正常运转。高校改革发展的稳定也离不开后勤提供的物质基础。总的来说，高校后勤是社会主义高等教育事业中的基础性保障单位，这决定了它在社会主义各项事业中特有的教育地位。实现高等教育目的、育人成才既是它作为社会主义经济团体的社会责任，更是其义不容辞的义务。

三、高校后勤服务的育人特点

高校后勤作为大学生生活教育、思想政治教育的重要阵地，以日常服务为载体，在大学生情感体验、审美情趣、思想道德、行为规范及实践能力的养成上，施以正面、积极、长远的影响，促进学生身心健康发展。后勤作为非直接教育主体，服务作为非直接教育媒介，后勤服务育人在育人形式上显现出主体间性、潜在性和开放性的特点。

（一）主体间性

主体间性研究的是主体与主体间的关系。有学者认为，这种关系建立在民主、平等、和谐的基础上，是一种相互尊重、相互理解、相互沟通的主体间具有主体性的物与物、人与物和人与人之间的交往对话关系，民主平等是主体间性的基础和前提，交往对话是主体间性的本质属性。教育本质上也是一种交往实践活动。

高校后勤服务育人主要通过两种途径：一是高校后勤以服务实践活动为活动载体，在开展服务工作的同时，引导大学生形成良好的思想品德和行为规范，实现育人目的；二是将学生引入后勤服务实践中，作为辅助性服务主体，参与到服务实践活动，实现实践育人功能。无论以哪种途径，后勤均发挥着教育、组织、引导等主体性作用。不同于主体性思想政治教育，高校后勤服务育人是一种以服务者与被服务者的交往实践、双向互动为主要方式的教育活动，以学生现实需要为服务方向，重视学生在服务活动中的主体地位。张耀灿认为，"受教育者是自我教育的主体，其主体性主要体现在积极参与思想政治教育活动和接受思想政治教育这一环节上"。服务育人是以高校后勤服务为基础的育人实践活动，不仅注重平等、民主、交流与理解，而且注重学生在育人活动中的主体地位，强调学生的自我教育。因此，高校后勤服务育人可以说是一种主体间性视域下的思想政治教育实践活动，具有主体间性的特点。

（二）潜在性

"潜在性"亦可理解为"隐性"，即与"显性"相对。顾名思义，显性的育人方式比较直接，目标明确，显而易见，能够很快地为学生所理解。与之相比，隐性的育人方式则显得更委婉，不易被学生察觉。要发挥隐性方式的育人作用，常常需要借助一些外界力量，如以人或物为代表的显性的客观实在。此外，也可以是无形的力量，比如各种制度、学习和生活的环境、校园文化氛围等。这些"隐性要素"的种类各样、数量繁多，对大学生行为习惯的养成、生活经验的领悟、思想道德观念的影响无时无刻不在，只不过在绝大多数情况下产生的效果不及"显性育人"那样容易被人察觉，有"随风潜入夜，润物细无声"的效果。

（三）开放性

高校后勤服务育人是一种开放性的育人实践活动，不局限于特定的时空范围内，这种开放性体现为时间和空间上的开放。后勤育人实践不受特定时间和特定地点的限制，具有"全天候"的特点。例如，食堂服务员在卖饭的时候，图书馆管理员在整理图书的时候，宿管阿姨在管理宿舍的时候，保洁人员在打扫卫生时候，都可以通过优雅的举止、敬业的工作态度影响学生的思想，甚至按照校园的管理条例，对身边的学生进行亲切友好、适度的教育约束，都可以对学生行为举止的规范和价值观的养成有一定的教育意义。

四、高校后勤管理的基本任务

高校后勤保障与管理工作的总体要求是完善设施，改善环境，提供保证；创新机制，健全制度，精细管理；创建体系，突出公益，服务育人。围绕当前家长和师生最关心、最直接、最现实的吃、喝、环境、卫生、安全、健康等问题，学校要抓好后勤保障工作，要坚持一手抓后勤设施条件的改善，一手抓精细化管理服务。高校后勤管理的主要任务包括以下五点。

（一）切实抓好高校食堂和食品卫生管理

高校食堂和食品卫生管理工作直接关系到师生的身心健康和高校、社会的稳定，是高校后勤保障与管理工作的重点。高校食堂管理要实行一把手负责制，切实建立以校长为第一责任人,后勤主任具体抓高校食堂食品卫生管理工作的体制。实行物品定点采购制度,严把质量关;实行物品采购索证登记制度,从原材料的质量检验到入库储存都要按制度要求进行;实行食堂从业人员定期健康查体制度,持证上岗;坚持实行食品预尝和留样制度,保证学生食品制作的规范和卫生洁净,坚决不允许向学生出售剩饭剩菜;实行事故责任追究制和"一票否决制",防止霉变、假劣食品流入高校食堂,防止流行性病毒感染,有效消除食堂及食品卫生安全隐患,杜绝学生集体性食物中毒事件发生;建立食堂炊具、餐具及厨房、餐厅定期消毒制度和生活用水的卫生安全检测制度;强化暖气管道定期检查和定期维修保养制度;完善高校食品卫生安全工作预警、预案、隐患排查和事故责任追究制度等。高校校长要从保障学生身心健康和生命安全、保持高校的正常教学秩序和维护社会和谐稳定的大局出发,加大对食堂和食品卫生安全各个环节的监管力度,确保食堂和食品的安全卫生。

(二)切实抓好高校宿舍管理工作

学生宿舍是学生学习、生活、休息的场所,也是高校精神文明建设和素质教育建设的窗口。高校应让学生宿舍的管理工作更趋向规范化、制度化,让学生健康快乐地成长,为学生创造安全而温馨的住宿环境。

(三)抓好校园绿化、美化和保洁工作

校园绿化、美化和保洁工作是校园文化建设和精神文明建设的重要内容,是实现环境育人的基础。要把校园绿化、美化和保洁工作纳入高校建设和管理的统一规划,把校园环境建设与校园文化建设有机结合起来,科学规划,强化管护。要遵循以人为本、服务教育教学的宗旨,坚持"因地制宜、科学规划、注重教育、经济实用、分步实施"的原则。要与开发校园经济相结合,要节约、集约、合理使用校园土地,不断提高校园绿化美化的质量,逐步把高校建成园林式高校。高校要高度重视校园绿化美化工作,建立健全校园绿化美化管理制度和管理办法,明确管理机构和专(兼)职管理人员。

(四)抓好校园风险分散工作

近几年,校园伤害事故呈现出多样性和复杂性,高校教育中面临的学生意外伤害风险对高校教育教学的影响日趋严重,高校安全管理工作的任务十分艰巨。

保险是市场经济条件下进行风险管理和控制的基本手段，充分利用保险费率的杠杆作用处理高校发生的安全责任事故，有利于防范和妥善化解各类校园安全事故责任风险，解除高校、家长的后顾之忧，有利于推动高校实施素质教育，有利于维护高校正常的教育教学秩序，有利于保障广大在校学生的权益，避免或减少经济纠纷，减轻高校办学负担，维护校园和谐稳定，促进青少年健康成长。

（五）抓好学生的养成教育

高校后勤管理工作要把学生的养成教育贯穿始终，并纳入高校德育工作范畴。在高校后勤管理工作中，要注重培养学生良好的思想品德、良好的行为习惯和良好的学习风气；在劳动实践活动中，注重培养学生的劳动观念、安全意识和创新意识；在食堂就餐时，注重培养学生文明就餐、勤俭节约的习惯；在起居生活中，注重培养学生讲究个人卫生、讲究整洁和生活自理能力；在校园活动中，注重培养爱护一草一木、不随地吐痰、不乱扔纸屑的意识，使高校成为社会主义精神文明建设的窗口。

第二章 高校后勤管理概述

高校后勤管理工作最实际的目标就是保证学校教育教学的良性循环，但也要在千头万绪的工作中突出重点，从解决实际问题、热点问题入手，突破难点、强化亮点、消除盲点。

第一节 高校后勤管理的目标

一、服务上满足师生

后勤队伍以窗口建设、校园基本建设、环境卫生和绿化美化校园为重点，强调以"文明、规范、热情"的服务态度做好服务和管理工作。

为使教师和学生有一个良好的教与学的环境，后勤还要定期检修教室及文体设施，水电维修人员要经常到宿舍为学生维修水电设施。

总之，后勤管理要把"三服务（为教学、科研、学生服务）、两育人（服务育人、管理育人）"作为评估后勤各项管理服务工作的标准，使后勤围绕教学做好各项保障工作，为师生员工做好服务，为学校发展做好后勤工作。

二、环境上美化、亮化校园

校园环境是高校赖以生存的硬件基础，是环境育人的主要环节和场所。校园环境和校容校貌的管理、修缮是高校后勤管理的重要工作内容。通过后勤员工的努力，给师生提供良好的工作学习环境是后勤工作的重要目标。

建设整洁干净的校园永远是后勤工作的重要内容。因此，后勤要加强对保洁公司的监管力度，对环境卫生、教室卫生、楼道卫生等重要区域进行"地毯式"检查，做到环境卫生无死角。

三、物质上保证教学运转

作为大学，教学大楼是必要的物质条件，建好、管好、用好大楼是后勤管理工作的当务之急。教室、实验室的教具和设备要符合要求。教室的大小、光线的好坏直接影响教师的教学效果和学生的学习效果。教室中的主要设备应有桌椅、黑板、电灯、讲台、多媒体设备、通风设备等。

（一）桌椅的要求

无论是哪一层次的学生，上课都需要桌椅，这是各类学校进行教学的必要物质条件。后勤安排桌椅时，一要考虑规格，二要保证数量。后勤要按照每个教室容量合理配备课桌椅。

（二）黑板的要求

黑板要平整、纯黑、不反光。黑板前的地面应添加讲台，以便于学生听讲和教师观察学生的听讲情况；讲台要比黑板稍长，利于使用。

（三）实验室的要求

实验室要比教室稍大一些，便于教师演示和学生操作。实验室还必须有教师准备室。

四、精神上服务育人

后勤工作要树立"三服务、两育人"的意识，即"后勤工作为教学、科研和师生员工服务""服务育人、管理育人"。高校后勤管理要发挥管理育人、服务育人的作用，以及大学生参与后勤管理、推动高校后勤社会化改革的作用。

第二节　高校后勤管理的原理与方法

一、高校后勤管理的原理

（一）系统原理

系统原理是现代管理科学的一个最基本的原理，它指人们在从事管理工作时，运用系统的观点、理论和方法对管理活动进行充分的系统分析，以达到管理的优化目标，即从系统论的角度来认识和处理企业管理中出现的问题。

1. 系统存在的条件

系统就是若干相互联系、相互作用、相互依赖的要素结合而成的，具有一定的结构和功能，并处在一定环境下的有机整体。系统的整体具有不同于组成要素的新的性质和功能。具体来讲，系统的各要素之间、要素与整体之间、整体与环境之间，存在着一定的有机联系，从而在系统的内部和外部形成一定的结构。可以讲，要素、联系、结构、功能和环境是构成系统的基本条件。

要素指构成系统的基本成分。要素和系统的关系是部分与整体的关系，具有相对性。一个要素只有相对于由它和其他要素构成的系统而言，才是要素；相对于构成它的组成部分而言，则是一个系统。

联系指系统要素与要素、要素与系统、系统与环境之间的相互作用关系：一方面，它表明系统内的要素处于不断的运动之中。系统中任何一个要素的变化都会影响其他要素的变化，进而影响系统的发展。同时，要素的发展也会受到系统的制约，这是因为系统的发展是要素或部分存在和发展的前提。另一方面，作为一个整体的系统与它周围的环境进行物质、能量和信息的交换，形成了从系统的输入端到系统输出端的物质流、能量流和信息流。

结构指系统内部各要素的排列组合方式。每一个系统都有自己特定的结构，它以自己的存在方式规定了各个要素在系统中的地位与作用。结构是实现整体大于部分之和的关键，结构的变化制约着整体的发展变化；构成整体的要素间发生数量比例关系的变化，也会导致整体性能的改变。总之，系统的整体功能是由结构来实现的。

功能指系统与外部环境在相互联系和作用的过程中所产生的效能。它体现了系统与外部环境之间的物质、能量和信息的交换关系。系统的功能取决于过程的秩序，如同要素的胡乱堆积不能形成一定的结构一样，过程的混乱无序也无法形成一定功能。从本质上说，功能是由运动表现出来的。离开系统和要素之间及其外部环境之间的物质、能量和信息的交换过程便无从考察系统的功能。

系统边界将起到对系统的投入与产出进行过滤的作用，在边界之外是系统的外部环境，它是系统存在、变化和发展的必要条件。系统外部环境的性质和内容发生变化，往往会引起系统的性质和功能发生变化。因此，任何一个具体的系统都必须具有适应外部环境变化的功能，否则将难以获取生存与发展。

2. 系统的特征

（1）整体性

系统的整体性又称为系统性，通常理解为"整体大于部分之和"。这就是说，系统的功能不等于要素功能的简单相加，而是往往要大于各个部分功能的总和。它表明要素在有机地组织成为系统时，这个系统已具有其构成要素本身所没有的新质，其整体功能也不等于所组成要素各自的单个功能的总和。

根据整体性的这一特点，在研究任何一个对象的时候，不能仅研究宏观上的整体，也不能仅研究各个孤立的要素，而是应该了解整体是由哪些要素组成的，以及在宏观上构成整体的功能。这就是说，人们在认识和改造系统时，必须从整体出发，从组成系统的各要素间的相互关系中探求系统整体的本质和规律，把握系统的整体效应。

（2）层次性

任何较为复杂的系统都有一定的层次结构，其中低一级的要素是它所属的高一级系统的有机组成部分。系统与要素、系统与环境是相对的。就自然界而言，从宇宙大系统到基本粒子系统，存在着若干层次，各层次之间又相互交叉、相互作用。从社会生活来看，公共领域和非公共领域是社会生活的基本领域，以此可以把现代社会的管理划分为公共管理和企业管理两大类型。而在公共管理和企业管理之下，还可划分为许多不同层次的管理子系统。这样，逐层都有着系统与要素的关系。一般而言，系统的运动能否有效、效率高低，很大程度上取决于能否分清层次。

因此，研究系统的层次性对于实行有效管理具有重要的意义。当我们面临一个复杂系统时，首先，应搞清它的系统等级，明确在哪个层次上研究该系统。其次，运用分析和综合的方法，根据系统的实际情况把系统分为若干个层次。然后，把系统的各个部分、各个方面和各种因素联系起来，考察系统的整体结构和功能。最后，在此基础上，进一步明确层次间的任务、职责和权利范围，使各层次能够有机地协调起来。

（3）目的性

所谓目的性，指系统在一定的环境下，必须具有达到最终状态的特性。它贯穿于系统发展的全过程，并集中体现了系统发展的总倾向和趋势。一般而言，系统的目的性与整体性是紧密联系在一起的，若干要素的集合就是为了实现一定的目的。可以讲，没有目的就没有要素的集合。

因此，人们在实践活动中首先必须确定系统应该达到的目的，以明确系统可能达到什么样的最终状态，以便依据这个最终状态来研究系统的现状与发展；其次，实行反馈调节，使系统的发展顺利导向目的。例如，企业就是以营利为目的而进行生产和服务的经济组织，在市场经济下，企业的生命力在于其经济效益，经济效益的最大化是企业组织追逐的根本目标。由于经济效益是通过企业营利来实现和衡量的，管理者必须运用反馈控制的方法，使企业的其他目标能够顺利地服务和服从于这一总目标。

（4）适应性

任何系统都存在于一定的环境之中，都要和环境有现实的联系。所谓适应性，就是指系统随环境的改变而改变其结构和功能的能力。系统在适应性方面涉及三种不同的情况：

第一，系统原有的稳定状态被破坏后，逐渐过渡到一个新的稳定状态，即依靠系统本身的稳定性来适应环境的改变。

第二，当系统稳态被破坏后，靠系统内部或人为提供的一个特殊机制，抗拒环境的干扰，修补被破坏的因素，使系统回到原来的稳定状态。像大学组织在传统上有能力阻挡外界力量并将它们的工作环境限制在一定范围的因素之内。大学组织作为生命有机体一样向前进化，它所面临的困境是如何在适应社会的改变中保持大学的内在发育逻辑。大学组织要保持学术发展的完整性，必须具有修复功能的机制，以超稳定的形态来表明大学组织的适应性。

第三，系统由于突然的、强大的干扰，稳态结构迅速被破坏，一个新的稳定形态迅速形成。

（二）责任原理

高校后勤正在走向社会化，所以必须建立现代企业制度。而现代企业制度要求职责分明，它所体现的是责任原理。

管理是追求效率和效益的过程。在整个过程中，要挖掘人的潜能，就必须在合理分工的基础上明确规定这些部门和个人必须完成的工作任务和必须承担的与此相应的责任。这就是管理中的责任原理。

1. **明确每个人的职责**

在高校后勤业务中，挖掘每个员工潜能的最好办法是明确每个人的职责。分工是生产力发展到一定阶段的必然要求，在合理分工的基础上确定每个人的职位，明确规定各职位应担负的任务，这就是职责。职责是整体赋予个体的任务，也是维护整体正常秩序的一种约束力。它以行政性规定来体现客观规律的要求，绝不是随心所欲的任务。与分工相对应的是每个人的职责。职责是在数量、质量、时间、效益等方面有严格规定的行动规范。表达职责的形式主要有各种规程、条例、方法、范围、目标、计划等。一般来说，分工明确，职责也会明确。分工只是对工作范围做了形式上的划分，而工作的质量、数量、完成时间、效益必须通过职责划分体现出来。

首先，职责界限要规定清楚。职责要按照与实体的联系的紧密程度，划分为直接责任和间接责任、实时责任和事后责任。如在高校后勤食堂业务中，烹饪人员应对饭菜的质量负直接责任和实时责任，而食堂负责人应对其负间接责任和事后责任。

其次，职责要规定横向联系的内容。在规定某个职责的时候，要规定同其他部门和人员的配合情况。只有这样，才能提高整个组织的绩效。

最后，职责一定要落实到人。否则，就会出现无人负责的情况，导致管理上的混乱和无效。这就是说，制度本身的完善并不能取代制度能否有效执行。

2. 职位设计和权限的合理委托

与职责对应的是一定的权力。任何任务的完成都需要人、财、物的支持，这就需要一定的权力。高校后勤管理人员要善于授权，要把员工完成职责所必需的权力合理委托给他们，由其做独立的决策，必要时给予适当的支持。只有这样，才能使员工具备履行职务责任的条件。任何职务都是一定权力和责任的统一体。承担责任就意味着承担一定的风险。风险理论要求一定的风险与一定的收益相对应。如果职责设计的风险与收益不对称，职责人或者感到工作难以接受，或者可以从中得到与其工作不对称的利益。这里的利益包括物质上的利益和精神上的满足感。

当然，某个岗位上职责明确、责权对应，并不意味着工作的有效开展，还需要看职责承担人的能力。每个人的科学知识、工作才能等都是不一样的，这就必须使个人能力与岗位职责相对应，同时组织要定期对员工进行知识的培训和更新。

3. 有效的奖惩系统

奖惩必须分明、公正和及时。高校后勤集团要对每个员工（包括管理人员）的工作绩效给予公正、及时的奖惩，这有助于提高员工的积极性，挖掘每个员工的潜力，不断地提高绩效。对每个人进行公正的奖励，要以准确的考核为前提。

对于有成绩和贡献的员工，要及时地予以肯定和奖励，使他们的积极性和工作努力度保持下去。惩罚是任何人都不乐意接受的，惩罚的真正意义在于通过惩罚少数人来教育多数人，强化管理的权威。惩罚也可以及时制止一些人的不良行为，以免给组织带来更大的损失。

（三）服务原理

服务在字义上来说是履行某一项任务或是从事某种业务，也有为公众做事、替他人劳动的含义。在现代社会中，服务的含义越来越广泛。从产品和服务的区别来说，服务是具有无形特征却可给人带来某种利益或满足感的可供有偿转让的一种或一系列活动。服务通常是无形的，并且是在供方和顾客接触面上至少需要完成一项活动的结果。

当今社会，服务主要涉及三方面：一是在顾客提供的有形产品上所完成的活动；二是在顾客提供的无形产品上所完成的活动；三是无形产品的交付；四是为顾客创造氛围。

服务主要具有以下特性。

①无形性。商品和服务之间最基本的，也是最常被提到的区别是服务的无形性。因为服务是由一系列活动所组成的过程，而不是实物，我们不能像感觉有形商品那样看到、感觉或者触摸到服务。

②异质性。服务是由人表现出来的一系列行动，而且员工所提供的服务通常是顾客眼中的服务。由于没有两个完全一样的员工，也没有两个完全一样的顾客，所以就没有两种完全一致的服务。

服务的异质性主要是由员工和顾客之间的相互作用以及伴随这一过程的所有变化因素所导致的。它也导致了服务质量取决于服务提供商不能完全控制的许多因素，如顾客对其需求的清楚表达的能力、员工满足这些需求的能力和意愿、其他顾客的到来、顾客对服务需求的程度。由于这些因素的存在，服务提供商无法确知服务是否可以按照原来的计划和宣传的那样提供给顾客，有时候服务也可能会由中间商提供，那更加强了服务的异质性。

③生产和消费的同步性。大多数商品是先生产，然后存储、销售和消费；但大部分的服务是先销售，然后同时进行生产和消费。这通常意味着服务生产的时候顾客是在现场的，而且会观察甚至参加到生产过程中来。有些服务是很多顾客共同消费的，即同一个服务由大量消费者同时分享，比如一场音乐会。这也说明了在服务的生产过程中，顾客之间往往会有相互作用，因而

会影响彼此的体验。

服务生产和消费的同步性使得服务难以进行大规模的生产，服务不太可能通过集中化来获得显著的规模经济效应，问题顾客（扰乱服务流程的人）会在服务提供过程中给自己和他人造成麻烦，并降低自己或者其他顾客的感知满意度。另外，服务生产和消费的同步性要求顾客和服务人员都必须了解整个服务的传递过程。

（四）效益原理

效益是管理的永恒主题。"向管理要效益"，效益的高低直接影响着整个组织的生存和发展。高校后勤集团在走向社会化的道路中，一方面要追求合理的经济效益，另一方面要完成它的社会目标，即为广大师生服务。经济效益是实现社会目标的基础和保证，而社会目标的实现有助于后勤集团长远经济利益的实现。

效益是有效产出与其投入之间的一种比例关系，可以从社会和经济两个不同角度去考察，即可以划分为经济效益和社会效益。两者既有联系，又有区别。经济效益是追求社会效益的基础，社会效益是提高经济效益的重要条件。

经济效益可以运用若干个经济指标来反映，而社会效益则难以计量，必须借助于其他形式来间接考核。

1. 高校后勤对经济效益的追求

在实际工作中，管理效益是直接通过经济效益来体现的。影响经济效益的因素很多。

首先，主体管理思想正确与否占有相当重要的地位。高校后勤在走向现代化管理过程中，采用先进的科学方法和手段，以及建立合理的管理机构和规章制度无疑是必要的，但更重要的是企业主管所采取的战略。如果高校后勤的服务对象的经济承受能力定位错误，那么服务的内容再好，到头来也无济于事。实际上，经济效益总是与管理主体的战略联系在一起的。

其次，追求局部效益必须与追求全局效益协调一致，全局效益比局部效益更为重要。如果全局效益很差，局部效益就难以持久。高校后勤中如果仅有少数业务单元效益较好，也难以得到持久发展的人力、物力、财力的支持，这是因为整个后勤集团的效益差，负担沉重。因此，管理者应该把全局效益放在首位。当然，没有局部效益的提高，全局效益也难以得到提高。

再次，管理要追求长期稳定的高效益。企业时刻处于激烈的竞争中，而高校后勤目前的市场竞争不算激烈。但是，我们应该看到随着高校后勤改革的继续深入，竞争对手将大量涌现。服务实体不能仅满足于眼前的经济效益，为此，企业经营者必须有远见卓识，随时盯着市场的变化。只有不断加强组织的后劲，积极进行企业的技术改造、技术开发、产品开发和人才培养，才能使企业获得长久的生命力。

最后，要确立管理活动的效益观，并学会自觉地运用各种客观规律。管理活动要以提高效益为核心，就必须学会运用价值规律，随时掌握市场情况，制订灵活的经营方针，灵敏地适应复杂多变的市场环境，满足社会需求。

2. 高校后勤对社会效益的追求

高校后勤具有社会目标，对社会效益的追求有助于实现长远的经济效益。只有通过对社会效益的追求，高校后勤才能在与学校、师生中得到支持，这是其长远发展的保证。对高校后勤业务来说，经济效益与社会效益是正相关的。

根据企业理论的最新成果，企业要实现利益相关者的价值最大化。也就是说，管理者的决策要对整个社会负责，他们的经营被看作公共财产，他们对提高公众利益负有责任。即使这样的活动对短期利润有消极影响，为了长远发展，有时也是必需的。

二、高校后勤管理的方法

（一）高校后勤管理的基本方法

传统的管理方法主要有以下三种。

①行政方法，即依靠行政组织的权威，运用命令、规定、指令、条例等行政手段直接指挥下属工作。科学的行政方法能够有力地保障党和国家路线、方针、政策的贯彻执行。在工作出现矛盾和失误的情况下，为保证后勤管理总体目标和计划不受干扰，并能尽快地解决问题，采取行政方法进行干预、调节往往比其他方法更为有效。

②经济方法，即用经济手段，如工资、奖金、罚款、经济责任制等作为杠杆，组织调节和影响后勤职工行为的方法。经济方法有利于调动后勤广大干部、职工的工作积极性。

③责任制方法。这是行政方法和经济方法相结合的一种形式。它要求必须建

立、健全岗位责任制度、考核评估制度和奖惩制度，使制度和法规相对封闭，以做到责、权、利相结合。这样做有利于体现按劳分配、多劳多得的分配原则，也有利于提高后勤广大干部职工工作的主动性和创造性。

（二）高校后勤科学管理技术

当前，随着科学技术的不断发展，社会生产力不断进步，高新技术不断涌现，广大师生的生活需要和消费观念都发生了很大变化，单靠传统的管理方法远远不能够满足当前后勤管理向社会化过渡的需要。高校后勤管理必须引入现代科学的管理技术，引入现代企业管理的制度和方法，不断充实和完善后勤管理方法体系，以进一步满足广大师生生活的要求，加快高校后勤社会化的步伐。

1. 基础管理

高校后勤基础管理是指后勤管理中带有基础性、起点性和普遍性的工作。它是高校后勤部门进行科学管理及决策的客观依据和贯彻"按劳分配"原则的重要依据，是提高后勤部门整体素质的重要基础，也是提高后勤部门经济效益和社会效益的重要保证。

高校后勤基础管理主要包括信息工作、定额工作、服务的标准化和规范化、规章制度工作、班组工作及民主工作等，以下主要介绍三项。

①信息工作。高校后勤部门的信息大致包括上级的指示、指令；兄弟院校的有关后勤管理的动态、信息经验教训；校内各部门对后勤部门的工作反映；微信公众号、广播、新闻等有关内容；后勤部门的工作总结、报表、财务运行情况及分析；学校教学、科研及师生生活所需物资的市场行情等。信息工作就是要把广泛收集来的各种可能的信息进行加工、处理，使之成为我们日常管理工作的参考和依据。

②定额工作。高校后勤部门的定额分为劳动定额、劳动定员、物资消耗定额、物资储备定额、资金占用定额、劳动产品价格等。定额工作是高校后勤部门为合理利用人力、物力和财力而制订的消费标准和占用标准工作，它是后勤进行科学组织生产和按劳分配的依据。

③规章制度工作。高校后勤部门的规章制度主要包括全局性的基本工作制度、各专业管理制度、岗位责任制度及奖惩制度等，它是高校后勤全体干群的行为规范和共同准则。同时，制订规章制度也是实现高校后勤企业化科学管理的重要保证。规章制度工作的重点在于抓好落实。

2. 目标管理

目标管理又称成果管理，是美国管理学家杜拉克于1954年提出的一种管理理论。杜拉克认为，一个组织的"目的和任务，必须转化为目标"，如果"一个领域没有特定的目标，则这个领域必然会被忽视"。他认为，目标管理是一种建立在个人"自主管理基础之上的，动员全体职工参与制订目标并保证目标的实现"的管理方式。概括地讲，目标管理是指一个组织在一定时期内努力的方向、范围和预定的成果。它是应用行为科学的原理，让职工参加管理，使管理者与职工一起协商，共同制订目标，确立彼此的成果和责任，使之进行自我控制、自我考核、自我评价，以此来激励每个成员的责任心，发挥最大的潜力，以达到整体的目标。

高校后勤部门的目标是多方面、多层次的。其总目标构成一个体系，围绕总目标可制订出部门目标，围绕部门目标可制订出基层目标，围绕基层目标可制订出个人目标，从而形成高校后勤部门的目标管理体系。各级管理者通过目标对下级进行管理，并通过目标来衡量每个人贡献的大小，以保证整个组织的总目标的实现，而每个职工则根据目标的总需求来制订个人的目标。高校后勤管理引入目标管理的方法，有利于改进后勤干部的管理方法，实现领导和群众相结合；有利于改革现行的干部制度，改进后勤考核、评估方式，充分调动广大后勤干部职工的积极性、主动性和创造性；有利于提高高校后勤管理工作的计划性与决策的科学性，提高后勤管理的工作效率和经济效益。

3. 全面质量管理

全面质量管理是20世纪60年代由美国通用电气公司的质量专家费根鲍姆和朱兰等人提出来的。目前已经成为现代科学管理的一个主要组成部分，受到了人们的普遍关注。

全面质量管理的步骤包括：分析现状，找出存在的问题；分析产生问题的主要原因；找出问题的主要因素；制订解决问题的措施、计划；严格执行计划；检查计划执行情况；总结经验教训，实行人才标准化；提出遗留问题等。

全面质量管理的方法有简易图表法、排列图法、因果图法、对策表法、系统图法等。高校后勤服务部门的服务工作有必要引入全面质量管理的方法，以利于其"三服务、两育人"工作的顺利开展和进行。

要搞好全面质量管理，高校后勤服务者首先要具备质量意识。质量意识就是要在自己的工作中自觉体现出为师生员工提供最满意的服务，用自己的辛勤汗水去为别人创造方便、安适和幸福的环境。质量管理意识是做好后勤服务工作的思想基础,是体现后勤职工职业道德和素质的标志。后勤职工质量意识的强烈与淡漠影响着服务质量的优劣,标志着后勤职工素质的高与低。后勤服务者热爱学校、热爱本职工作、尊重服务对象,是形成质量意识的重要条件。

第三节　高校科学后勤管理理念的树立

一、树立以灵魂塑造为核心的现代管理理念

管理理念是凝聚人心的一种文化。这种文化是无形的,是一种精神支柱,是"存在于人们的思维意识之中的,用以对事物、观念进行'是非''好坏''善恶''值得追求与应该抛弃'等判断的观念标准体系"。高校后勤在建构管理理念中,一定要超越形式主义,抓住经营灵魂塑造这个要害,以经营灵魂塑造为中心,培育适应市场经济的集体价值观,培育反映高校后勤集体个性的集体行为。以统一的经营理念塑造高校后勤部门的集体意志,以强有力的经营管理塑造高校后勤部门的集体形象。高校后勤部门往往忽视统一灵魂、统一信仰的塑造,所以员工与后勤部门的凝聚力不强,精神资本弱于金钱资本和物质资本。只有以统一的灵魂作指挥中枢,人力资本、金钱资本和物质资本才会得到极大强化。

在灵魂塑造的过程中,要处理好社会效益和经济效益两者之间的关系,主要是处理好服务和经营的关系。服务是基础,是根本,是生命线。服务搞不好,高校后勤在学校就没有信誉。在服务做好的基础上,一定要抓好经营。经营是提高,经营也是动力,经营反过来能够安定人心,并且能够促进服务。

二、树立以长期培育为特征的现代文化理念

高校后勤部门管理理念培育的目的是长远发展,而非获取某一时、某一局部的利益。因此,管理理念的培育是高校后勤的长期战略,而非追求短期成效。高校后勤一旦培育出优良的管理理念,会使其获得长足发展的可能。它能完善高校后勤的内部管理,塑造独特个性,整合各种资源,帮助后勤不断创新,在教职工和学生间树立起良好的形象。只有把管理理念的培育过程作为高校后勤的长期战略,精心设计、全员参与、长期坚持、认真维护,管理理念才能成为保持高校后勤持续、稳定发展的动力。

三、树立管理制度与以人为本相结合的管理理念

在高校后勤改革与管理的过程中一定要重视制度的约束，但制度的约束必须建立在员工主体自觉性的基础上。也就是说任何制度的最后建立都要考虑它所承受的主体是员工本身，而员工是有高级思维的。如果制度建立了，却影响了员工的积极性，这种制度就是不合适的。

同时，外在制度的建立必须具有可执行性、可操作性、严肃性和普遍约束性。谈到管理制度，往往指管理一方制订一个管理制度，被管理者按照管理者规定的去办，而往往忽视了管理者与被管理者的对等性的存在，即契约规则的存在。强调管理制度的严肃性是对的，被管理者应该按制度办事。但随着社会文明的发展和进步，在制度建立时也要强调人本主义，因为人是构成生产力诸因素中起主导作用的因素，又是最活跃的因素。只有在对等、共同认可的前提下制订的制度，才能被很好地执行，才能在很大程度上规范和约束员工的行为，才能培育和建立良好的团队精神，以实现高校后勤的改革、管理和发展目标。

四、树立管理效益和管理成本相结合的高效管理理念

在高校后勤管理活动中，既要考虑管理的效益，也要考虑管理的成本，管理成本直接影响管理效益的大小。如果管理的成本太小，管理效益太小，那么这种管理体制和运行机制的选择就不太合适。因为任何管理都要付出成本，这种成本的支付直接涉及管理效益问题，特别是高校后勤目前基本上是微利或零利润运行，其管理服务和经营的效益基本反映在管理成本的控制上。所以从管理效益来看管理制度是否合适，应考虑成本支付是否合适。

因此，应实现管理效益与管理成本的有效结合，这就是高效管理的理念，即强调管理的高效率、高效益、低成本。

五、树立管理目标与管理手段相结合的有序化管理理念

管理的手段无陈规可循，不能笼统地照搬人家的东西。后勤各个部门应有自己独有的管理目标所要求的管理措施。管理目标是通过一定的、必要的管理手段来实现的，管理手段的正确性与科学性直接影响着管理目标的实现，同时管理手段在管理目标实现的过程中具有可变性。在不同的时期和阶段，管理手段应与环境相适应、与阶段目标相适应。管理目标与管理手段有效结合是指导高校后勤社会化改革管理顺利进行的重要的思想理念。

第三章　高校后勤管理的运作机制

在不断改革和发展的过程中，高校后勤管理运作机制更加市场化、现代化和社会化，能够协调高校后勤各个管理部门之间的相互关系，为高校师生创造美好的生活环境。

第一节　高校后勤管理市场机制的建设

一、导向机制

高校后勤要想在市场经济条件下获得发展，就必须转变思想。高校在市场经济条件下可以利用社会资源给自己提供后勤服务，这样就可以解决高校后勤服务动力不足的问题，也可以使其具有更多的选择性和优越性。但是市场机制的基础作用并不是万能的，依然需要政府和高校的支撑。高校后勤是高校的有机组成部分，也是高校赖以生存和发展的基础。

无论是公益型还是营利型后勤，都需要完善的机制来引导其向公益和优质的方向发展，但侧重点有所不同。我们知道，在市场经济下，由于价格机制的作用，会激发营利型后勤以最低价格提供服务，所以在质量方面差强人意。而这种最低价格如果缺少政府补贴及各种优惠，公益性程度就会较低。因此，引导营利型后勤企业的发展就是要同时运用价格管制和各种优惠政策，加之在企业文化建设上进行引导，从表面到内里给企业创造条件。

虽然公益型后勤组织在组建时就以公益、非营利为目的，只需要提供必要的经济帮助以维持它的稳健运营。但是，这种做法可能会存在激励作用难以奏效，成员在工作时积极性不高、服务态度冷淡等问题，难以提供优质服务。对公益型后勤的引导，一是要加强企业文化建设，修炼自身，特别是在人员招聘时更要注意甄别那些有爱心、志愿服务意识强的人员；二是采取激励措施，将员工的职业发展同学校、政府等部门建立联系，将其工作成绩作为一个重要的评判标准，用以激发员工的热情。

二、竞争机制

由于教育的特殊性，后勤市场正在从完全垄断向垄断竞争逐步过渡，离完全竞争市场较早。这就需要激励后勤部门之间、后勤与校外企业之间的竞争。要达到这个目的，首要的是降低进出壁垒，特别是进入壁垒。要根据学校的长远发展战略，制订一套选择标准，并且一经制订，学校只能通过股权来影响后勤，而不能以行政力量等非市场手段来改变格局。

高校后勤服务对象的特殊性以及高等教育的属性，决定了高校后勤市场具有相对独立性、半封闭性与微利性，属于不完全竞争市场。在后勤服务运营过程中运用竞争机制，一方面可以使得各社会承包企业通过降低服务价格、提高服务质量等手段来吸引师生们前来服务消费，打破寡头垄断，形成良性竞争；另一方面，市场竞争有利于高校后勤实体树立危机意识，提高竞争力，做好服务工作，促进后勤实体自我完善。

然而，在实际的校内市场服务中存在着部分以降低卫生、安全、服务标准而进行的恶性竞争，这时候就需要通过有效的约束手段来预防和解决。例如，通过合同契约，把服务标准、服务水平、价格等作为重要指标写进承包合同，明确社会承包经营企业应承担的责任和义务；未履行或者违反相关职责时以没收违约金或追究法律责任等方式加强经营企业的安全意识和责任感，从而预防恶性竞争的产生。制订监管制度，从宏观上对经营实体的服务价格、安全、质量等进行检查监督，有助于增强经营实体的自律性，有利于及时发现经营实体存在的问题，将恶性竞争扼杀于摇篮之中。因此，科学有效的竞争约束机制能够激活校内市场，实现优势互补，保护师生的合法权益，促进高校后勤服务的科学发展。

三、价格机制

在价格的制订上虽然要采取价格机制，但是针对不同的后勤实体要对其给予不同的补贴和制订不同的成本方案。为了有效解决高校后勤管理市场化和公益化的矛盾，更好地发挥后勤的保障功能，政府部门通过加大对后勤基础设施的投入、税收优惠等政策措施来降低后勤服务成本，学校通过对不同性质的后勤服务市场采用不同的经营管理策略来降低后勤实体的固定成本。

四、优化机制

优化机制的建设包括资源优化、市场运营优化以及管理优化,资源优化主要通过价格机制实现,下面主要讨论市场运营模式优化和管理优化。

(一)市场运营模式优化

高校后勤社会化改革的基本思路是通过管理体制和运行机制的转变,建立起校内后勤服务市场,并逐步融入国家统一市场体系之中,利用市场机制作用实现后勤资源的优化配置。当前,按照建立新型高校后勤保障体系的目标要求,我们必须继续深化改革,稳步开放校内后勤服务市场。只有开放校内后勤服务市场,面向社会大市场,才可能实现"市场提供服务、学校自主选择",才能在市场机制作用下建立起有序竞争的高校后勤服务市场体系,实现后勤资源在全社会范围内的优化配置。在高校稳步开放校内后勤服务市场的背景下,高校后勤的服务模式呈现多样化趋势。现阶段从高校后勤服务市场开放程度来看,主要有三种服务模式。

1. 校内模拟市场模式

校内模拟市场指高校后勤服务市场不对外开放,学校的后勤服务全部由校内后勤自行承担。学校利用自身的力量深化后勤改革,按市场经济的规范和要求,成立具有独立法人资格的后勤企业,模拟企业化运作。

在校内模拟市场运作过程中,许多高校采用甲方与乙方分设管理模式:甲方后勤管理处代表学校,行使指导、监督、管理、协调、考核等职能;乙方从学校分离出来,立足校内市场,实行自主经营、自负盈亏、自我约束、自我发展的机制,模拟企业化运作,并与学校形成契约关系。

实行校内模拟服务模式,一方面是为了保护校内市场;另一方面也考虑到后勤企业需要承担分流"老人"的职责,还不具备与社会企业抗衡的实力,需要"扶上马,送一程"。同时,考虑到高校后勤本身姓"教",由学校后勤企业经营后勤服务市场,可以使服务者与服务对象有亲近感,其以社会效益为主导的服务方式也更容易被师生所接受。

采用校内模拟市场模式的高校,一般自身后勤保障实力比较强,后勤老职工较多,容易组建一支懂经营、善管理、能服务的多层次员工队伍,可以适应高校迅速发展对于后勤保障的需要。

在校内模拟市场条件下,高校后勤实体必须坚持走科学发展的道路,按照企业化的基本特征，尽可能实现内外权益关系清晰、全成本核算、高效率运作，提供优质服务，深化行业改革和推进标准化建设，逐步实现品牌经营，有力占领并巩固校内市场。学校则应尽量克服和减少传统的行政干预管理模式，真正将后勤实体作为一个独立的企业来看待，使其成长并融入市场竞争。

2. 部分开放市场模式

部分开放市场模式是指高校后勤服务市场部分对外开放，后勤企业、社会企业共同承担学校的后勤服务。学校组建自己的后勤实体，对后勤服务工作按照专业化的原则进行整合；同时，向社会适度开放市场，引进社会力量参与校内服务，引入竞争机制，更好地服务于教学、科研、师生生活。

高校后勤服务市场具有相对的独立性和封闭性。为打破后勤服务的"校园垄断"，学校应通过招投标等方式引入社会企业参与竞争，引进先进的管理理念，促使后勤企业改进服务质量、提高服务水平，共同为师生提供更好的后勤保障。由后勤企业、社会企业共同承担的后勤服务是高校乐于采取的服务模式，可以充分发挥一些学校后勤的行业特色服务，取长补短、互通有无，实现资源共享，形成集约化、规模化经营。目前在高校之间进行食堂经营托管、物业服务托管的成功范例已经不胜枚举。有偿服务、优质优价等市场规律在部分领域开始显现作用，其最大的优点在于学校可以"量体裁衣"，实行灵活多样的后勤服务保障方式，做到"有所为，有所不为"。选择这种后勤服务模式的高校一般在某项后勤服务上并不具备经营或管理上的优势，且外部选择比内部选择质量更优、成本更低。当然，在选择过程中，高校必须加强对社会企业的市场准入考核，真正将优质的后勤服务企业引入学校。

高校后勤服务市场的特殊性决定了高校后勤服务市场引入社会企业必须具备以下条件：首先，社会企业必须具有一定的经济实力和管理能力，能够提供优质的服务，这是进入高校后勤服务市场的基本条件。其次，社会企业要遵循市场经济规律，更要遵循高等教育规律。如果社会企业不熟悉高等教育规律，不了解高校服务市场的特点，就不可能准确把握高校后勤服务公益性和营利性之间的关系。最后，要具备育人意识。高校后勤服务的对象是具有较高文化素养的大学生，是社会主义建设的接班人，高校后勤服务必须担负起育人的责任。

社会企业要成为符合高校服务市场的合格主体，需要政府、社会、高校等各方共同培育，从营造诚实守信的社会经营环境到帮助有实力的社会企业了解和熟悉高校市场特点是一个长期的过程。随着后勤社会化改革的深入，更多合格的市场承担者正逐步产生，形成了可供学校自主选择的竞争群体雏形。一批高校后勤也走出校门参与市场竞争，有的已经发展成为跨学校、跨地区的企业集团；一些社会企业进军高校市场，站稳脚跟，适应市场，有的形成规模生产、连锁经营优势。据调查，专业化公司与各校后勤企业平等竞争，学生自主选择消费，"公益性"效果相同。

3. 完全开放市场模式

市场经济的开放必然会促进高校后勤市场企业的发展。首先，高校应该开放后勤服务市场，通过招标竞争的方式来引进社会企业。只有竞争才能发展。但是开放市场不能只是简单地开放后勤服务市场，而是要根据高校自身的实际情况分阶段分步骤进行。其次，高校后勤市场的开放需要一个公正的环境。高校后勤企业由于无法自主经营和决策常会遭受不公平待遇，处于弱势的地位。高校往往通过增加高校后勤企业的负担来减轻自己的负担，在这种种不公正的待遇下，后勤企业在市场经济下没有优势，很难在竞争中生存发展。

完全开放市场模式是指高校的后勤服务市场全部对外开放，学校的后勤服务完全由社会企业承担。学校采取适当方式，在分流消化后勤职工的基础上，通过市场自主选择优质社会企业，引进校外第三产业队伍，为学校提供有偿式或营利式的后勤保障服务。校内所有后勤服务项目完全交给社会，彻底实现社会化。学校成立相应的后勤管理部门，以甲方的形式对进入校内服务市场的社会企业进行监管。

后勤服务完全由社会企业承担，一种情况是由于投资主体发生变化。在建设中，投资者不再局限于政府和学校，实行政府主导、学校融资、社会参与的多元化投资模式，大量社会企业参与后勤设施设备投资建设，改变了以往政府单一投资的模式。后勤服务产品通过招标方式，与中标者签订合同，实现契约管理。另一种情况是在一些省市的大学城内或者在某一区域的几所高校之间，后勤服务集中由一个或者多个后勤企业统一协调管理，实现资源共享。这种模式往往是由省市教育主管部门牵头，成立一个国有企业或者股份公司，各个大学将后勤人员、资产以一定形式加入该企业，由该企业为学校提供后勤服务。如一些地区的大学城已经开始尝试通过专门机构实现服务整体托管的集团化服务模式。采用这种服务模式的高校一般"老人"很少，将所有的后勤服务项目整体外包，可以减少学校对后勤的资金投入，学校可以从纷繁复杂的后勤事务中脱身出来，以更多的财力和精力投身于教学科研，集中力量办学。承包企业通过专业的经营管理服务，为学校提供强有力的后勤保障，同时为企业赢取一定的经济效益。社会服务企业进入高校后勤服务市场，必然会将市场经济意识、合作竞争意识和现代企业管理的理念带入校园，实现校内服务市场与社会市场的逐步接轨。当然，社会企业具有追求营利的特性，一旦其利益诉求无法得以实现，就很有可能选择退出高校后勤服务市场，或者在服务价格上有所上升，或者在服务质量上有所降低。所以，当社会企业完全承担高校后勤服务后，学校要让社会服务企业尽快融入大学校园文化，真正将大学的精神内化为企业的精神，并付诸实践，确保其能够为学校提供安全稳定、价廉质优、温馨便捷的服务。

（二）管理优化

当前处于生产过剩时代，厂商作为生产者，不仅要加强生产管理、降低成本、提高产品质量，也要对消费进行管理。消费管理主要体现在以下两个方面。

①对消费需求信息的管理。通过网络获取消费量、消费方式等信息，建立信息管理系统，有计划、有方向地进行生产。通过对消费需求信息的管理，可以减少产品成本变动的风险。

②市场开发，挖掘消费需求。是先有产品再有需求，还是先有需求再出现相应的产品，这虽然是个很大的难题。但不可否认的是，很多新产品出现后，都能找到相应的需求，获得市场。

五、监督机制

目前，我国市场经济还处在不断发展完善的阶段，由于政策缺失以及监督不力等原因，市场上经常会出现劣质企业打败优良企业的情况，严重违背优胜劣汰的市场经济规律，严重制约经济的发展和市场资源的配置。

高校后勤在引入市场机制、参与市场竞争的过程中，同样不能避免遇到劣质企业的挑战。这些劣质企业在运营中不管产品质量，恶意降价，通过低价策略打击后勤实体，让广大师生面临生活服务质量下降与矛盾纠纷不断增加的境地，严重影响校园安全稳定。

政府作为市场经济的监管者，有责任也有义务承担起后市场竞争环境监督责任，维护高校后勤实体管理创新环境。政府各监管部门要加强监管力度，加强监管手段，依法制订各项惩罚措施，加大执行处罚力度，对破坏竞争环境的不良企业要坚决清除，而不是简单处罚了事。

第二节　高校后勤管理体系的构建

一、建立科学的后勤服务管理体系

我国高校后勤社会化改革工作已经进行，旧的高校后勤管理模式与运行机制被打破。为确保高校教学、科研和师生生活的正常与稳定，建立和完善高校新的后勤保障体系已成为教育行政主管部门和高等院校共同关注的问题。从高校后勤社会化改革的实践来看，建立科学的后勤服务管理体系、高效的后勤资源保障体系、充足的后勤经费保障体系、完备的后勤服务考核评估体系是建立和完善高校新的后勤保障体系的基本之举。

高校后勤保障，首先必须以科学的管理为前提。管理是组织行为过程中的一种计划、组织、指挥、协调、控制职能的有效的行使。后勤服务管理是一种旨在对与高校规范分离，并为高校提供后勤服务的后勤服务实体（或社会服务企业）的行为进行有效的监控，并由此确定后勤服务实体（或社会服务企业）服务价值的一种行为。科学的后勤服务管理体系是建立在科学的体制和责权利高度一致的基础上的。

很多学者认为，如果想要从制度层面对高校后勤管理现代化的发展予以推进，最根本的还是应该建立健全现代化的企业制度，即明确后勤实体独立法人的地位，弄清学校和后勤实体之间的关系，使后勤实体真正拥有能够自由行使的财政权和人事权。

校方应该着力改变自身对于后勤集团放权不够、管理过紧的现状，尝试将部分由后保部和后勤集团之间共同负责的管理项目（比如，维修、商业网点管理、学生宿舍分配等），放手交给后勤集团对应的二级单位负责，然后再设立一个督察部门，定期对后勤集团的工作进行检查和验收。

校方应对甲乙双方权、责、利的范围进行重新划分，将以前双方都疏忽的"三不管"地带纳入各自的负责范围中。同时，在如何划分职能范围的具体问题上，校方可以采用听证会的形式，邀请师生代表参加，多听取服务对象的意见。

在后勤保障部的权力监督方面，校方可以效仿美国公立高校的做法。以美国加州圣荷西州立大学为例，该校后勤管理分为"规划设置保障部"和"斯巴达人书店"两个部门，"规划设施保障部"又分为规划基础建设和后勤设施保障两个部门。规划基建部门负责学校基建计划的提出、论证，以及与社会专业公司的协调工作；后勤设施保障部门则负责水电维护、供暖、绿化、保洁等服务。此外，可以借鉴美国公立大学监管的思路，与校外相关的税务部门、工商部门、司法部门合作，成立一个第三方、独立的后勤建构，对本校后勤管理和服务行为进行监督和规范，督促本校后勤管理机构将年度收支的状况与详情向服务对象公布，接受全校师生的监督，这样才能切实有效地杜绝后保部权力滥用和贪污腐败的问题。学校应逐渐从管理制度、管理方法、管理理念等角度提高后勤集团企业化管理的水平，再根据实际情况的发展、成立具有独立法人地位的后勤实体。

（一）找准后勤服务体系建设整体方向

我国高校后勤服务体系应体现中国特色、地区特点。也就是说我们在构建并完善高校后勤服务体系的时候，要遵循以人为本、因地制宜、重视效益、兼顾公平与可持续发展的原则，充分考虑到社会主义市场经济以及本地区的经济、文化现状，考虑到高校自身科研、教学水平的发展状况，考虑到高校后勤"服务育人"的本质，考虑到高校的和谐稳定。

结合上述主要建设任务与体系地区性总体空间框架，当前及未来相当长的时间内，高校后勤服务体系应体现出服务管理理念与教育文化的融合，以"三服务、两育人"为宗旨，以先进管理、技术手段为支撑，通过对高校后勤服务体制的改革与机制的创新，促进服务行为主体多元参与、后勤实体企业化、服务人才建设专业化、服务内容多元化、服务质量标准化、服务方式信息化，服务供给市场化、服务管理精细化等，以满足在校师生多层次、多元化的服务需求，构建出新型的服务育人平台。

（二）优化后勤服务体系结构建设

高校后勤服务体系结构是体系建设与完善的基础，是对体系内部设置和体系运行各项工作的统筹。以往对高校后勤服务体系的研究，从体系改革的现状、发展、存在问题到如何有效改善体系都有所触及，无不提出了巨细无遗的"菜单式"对策建议，但几乎没有具体揭示出体系内各个子系统之间的内在逻辑、运行机理以及高校后勤如何实践的路线。

鉴于此，结合上文所提的体系架构设计要点，对高校后勤服务体系进行整体性的具象化"处理"，能更加直观地体现出体系的构成要素、内部联系以及运作中的关键控制点，有助于我们了解体系各部分的功能，明确体系各部分的工作责任，熟悉服务体系的工作流程，对整体把握后勤服务管理、改进后勤服务薄弱环节、推进服务方式转变、优化调整体系结构、增强高校后勤服务的可持续发展能力等起到不可忽视的重要作用。

二、建立高效的后勤资源保障体系

高校后勤保障要以物质资源保障为基础。高校后勤资源是高校教学科研及相关活动正常进行和师生生活保障的物质基础，也是高校办学规模评估的重要的价值砝码。因此，在改革的过程中，既要考虑高校后勤社会化对后勤资源整体剥离的要求，也要考虑高校建设和发展的需要，二者必须有机结合。

重组资源是资产效益最大化原则。高校后勤资源整体剥离，并不是高校不需要这些资源，恰恰相反，它是高等教育生存和发展不可缺少的重要部分。整体剥离的深刻内涵，除了考虑分离人员的生产资料问题外，更重要的是要通过重组这部分资源，使其发挥更大的效益。

后勤企业在相当多的高校中并不是一个真正的企业，而是学校的一个部门。高校的后勤企业不能对其所经营的设备、资产享有独立的权利，这就造成了高校后勤企业无法进行独立经营、自负盈亏。在现代市场经济中，要想对高校后勤进行改革就必须要按照现代企业制度运行。

现代企业制度一个显著的特点就是产权关系明晰，而目前无论是已注册还是未注册的后勤服务企业，都或多或少地存在产权关系不清晰的成分。这一点，如果在高校后勤社会化改革初期，由于高校后勤刚从事业单位的母体中分离出来，转化成旧模式的国有企业或企业化管理的事业单位还可以理解，在社会化不断改革、不断发展的今天，就显得越来越不合适了。只有使经营者成为资产所有者，才能充分调动企业各方的积极性，建立起一个适应现代高校发展的、高效新型后勤服务企业。要使经营者与资产所有者的利益联结在一起，实行高校后勤企业的股份制改造是一种行之有效的办法。高校后勤企业只有经过不断地改革，建立起真正意义的现代企业制度，才能保证高校后勤的持续发展，才能使高校的教学、科研、管理水平不断提高。

要实现高校后勤服务体系建设的总体目标，从根本上改变目前我国大部分高校后勤服务供给不合理、低效率的问题，就必须从问题的源头入手，改革、优化现有的高校后勤服务供给模式。当然，在改革、优化的同时，首先要认清高校后勤服务供给模式不能脱离我国特定的国情与具体的社会经济环境，认清我国当前的市场经济不成熟、市场机制不健全、第三企业发展缓慢的现状，认清高校后勤服务市场的相对封闭性和服务对象的特殊性。

因此，我国的高校后勤服务建设不能照搬西方市场经济成熟的发达国家，直接全面市场化，而是必须循序渐进，在一定的范围内允许和鼓励社会企业进入高校后勤服务领域，本着"服务育人"的宗旨，严格实行成本投入监察，逐步建立以满足在校师生生活需求为前提、多元化的供给主体参与、在校师生与高校后勤互动的新型高校后勤服务供给体系。政府、高校、后勤实体、社会企业、相关行业等都是高校后勤服务的供给主体。高校后勤服务的公益性与教育性决定了政府和高校的供给地位在很长的时间里都是无可替代的，它们承担着绝大部分公共产品以及部分准公共服务产品的生产与提供；作为高校"代言人"的后勤实体是一种间接的供给主体，以营利为目的的社会企业与私人经营单位作为高校后勤服务市场的供给主体，主要承担着私人产品的生产与提供；相关行业和部分以非营利手段为投资项目的企业自主、自愿生产或提供高校后勤服务产品，在一定程度上具有弥补和丰富高校后勤服务供给的作用。供给主体的多元化为高校后勤服务体系的建设开辟了多元化的物资来源渠道，为多元供给方式的产生创造了可能，这种市场化的供给模式将高校后勤服务的提供者与生产者分离，丰富了高校后勤服务体系的投入机制。

三、建立充足的后勤经费保障体系

高校后勤保障还必须以经费保障为支撑。正如高校后勤社会化改革不是不要后勤资源一样，高校的改革发展仍然需要充足的后勤保障经费。不同的是，那种计划经济条件下不计成本、不讲效益的后勤保障经费体制将被更高效、更科学的经费体制所代替，从而形成一种符合市场游戏规则的经费保障体系。

高校后勤实体不同于一般的社会企业，它具有公益属性和经济属性，如果政府对待后勤实体同社会上一般企业一样必然会使后勤实体在与其他企业的竞争中处于劣势，不利于后勤改革创新，政府应该通过调查研究给予后勤实体一系列必要的优惠政策。同时，高校后勤实体还面临招工难、人工成本过高等问题，政府有关部门应该积极主动与后勤实体进行交流，制订一系列优惠政策，指导高校后勤管理与创新工作。

四、健全后勤绩效考评体系

高校后勤保障最终还要以考核评估为检测手段。新的高校后勤服务保障体系能否真正建立，在很大程度上，取决于在新的模式和机制下运行的高校后勤服务考核评估体系的真正建立和不断完备。只有真正建立了科学的后勤服务考核评估体系，才能使后勤服务逐步纳入规范化、制度化和法制化的轨道，才能化抽象为具体，化要求为落实。

（一）有效应用后勤绩效考评结果

绩效考评工作的实质不仅仅是为了追求一个结果，关键在于如何将结果有效地应用起来。

1. 提升师生满意度

从多数高校的考评结果可以看出，目前后勤工作离师生心目中的期望值还存在一定距离。高校后勤工作最首要、最根本的任务就是服务好教学、服务好科研、服务好师生，保障高校一切事务活动井然有序地进行。这是高校后勤工作的出发点也是最后的落脚点，也是衡量高校后勤工作质量最重要的标准。高校服务对象与外面各服务机构一样拥有自己的固定客户群，而高校服务对象就是在校师生，他们的文化程度较高，社会影响较大，教学、科研和学习任务繁重，尤其是在校大学生，他们年轻气盛、激情飞扬、敢于对身边不满意的人或事说"不"，如何提高他们的满意度也是一个值得研究的问题。只有将师生满意度提上去，绩效考评的总分才会提高，因此，目前提高师生满意度是高校后勤的首要任务。

2. 提升员工满意度

对于高校后勤而言，后勤员工是构筑高校后勤资源的第一要素和第一资源。同时，后勤员工是一支强有力的队伍，他们决定着高校后勤管理水平和服务质量的高低，也直接影响着学校整体水平和培养目标的实现。对于在工作岗位上特别能吃苦、特别能奉献的员工，学校后勤可以通过安排更重要的工作岗位、晋升加薪、组织旅游等方式进行激励，使大家向他看齐，增强工作使命感和责任心，员工满意度自然就会提升。

3. 加快加强后勤集团信息化建设

随着高校的发展，高校后勤在管理水平和服务能力上有了更高的要求，原有的老式管理方法已经不能适应目前激烈的市场竞争需要。应用先进的计算机网络等信息技术进行高校后勤信息化管理，是提高高校后勤管理水平和内部运行效率的有力保障。因此，高校后勤应尽早改进和完善信息化建设，提高后勤内部运行效率和业务水平，必要时可以进行高校后勤内部流程重组。

4. 不定期地运用绩效考评体系进行检查提高

通过绩效考评体系进一步落实岗位职责，实施考评奖惩，将薪酬与工作业绩挂钩，真正落实多劳多得、奖勤罚懒的绩效考评方式。因此，建议高校后勤定期运用绩效考评体系行检查，通过检查结果来查找工作有待提高的地方。

（二）后勤绩效考评配套体系

一直以来，高校定时制订一些战略目标来规划学校今后的发展，而高校后勤作为学校的一部分，也应该以学校战略目标为中心，设置一套与之相配套的战略体系，并将此战略体系贯穿于整个绩效考评过程中。因此，高校后勤集团在设计绩效考评体系时，应将学校的战略目标进行分解，并将其作为设计依据。

高校后勤的战略目标最终都是要靠每个员工来实现的。当绩效考评体系明确后，只有将绩效指标分解到后勤员工身上并与他们的薪酬相联系，才会对后勤员工产生作用。这就要求建立相匹配的高校后勤员工薪酬体系，将员工薪酬与绩效指标联系起来，使后勤员工的薪酬与他个人的得分成正比例关系，得分越高，报酬越高；得分越低，则报酬也低。并且，在建立薪酬体系的同时制订激励机制，对于工作认真的员工，再给予精神或物质上的鼓励，让员工愿意参与到绩效考评中来。

第三节 高校后勤管理运行机制的优化

一、高校后勤管理运行机制优化的必要性

高校后勤社会化改革取得了一定的成绩，然而在其改革观念与文化、改革配套政策与制度体制、改革执行主体等方面依然存在从本质上没有认识清楚或解决的重要问题。

第一，高校后勤社会化改革的意图及其文化被误解。我国高校后勤社会化改革的目的是要改革当前的管理模式和运行机制，通过社会力量的大量有效参与，实现高校后勤资源的优化配置，建立完善的后勤保障体系。因此，后勤社会化改革必须坚持为高校及其师生员工服务的宗旨，在处理好社会效益与经济效益关系的前提下进行。同时，高校后勤社会化改革中后勤企业文化的建设也相应缺乏，原有的管理和用人模式在高校后勤人员的头脑中根深蒂固，抵制和不愿意配合当前新的社会及经济发展条件下的高校后勤社会化改革。

第二，配套政策和管理体制的缺乏。在国家层面，除了召开相关会议和呼吁高校后勤社会化改革之外，并没有及时出台明确的政策，这就造成了高校后勤改革的超前性和政策制订的滞后性之间的矛盾，影响改革的深化。

第三，高校作为改革的主导者没有履行好自己的职责。首先是高校本身没有完全理顺后勤资源的产权关系，不能有效地对后勤资产进行全面和有效的评价和

剥离，导致高校后勤因资产问题影响高校后勤改革的顺利进行。其次是高校对后勤企业实体的运行干预十分严重。虽然目前高校后勤管理部门与行政部门进行了整体剥离，甚至组建了企业管理运营模式的后勤实体，但这是停留在形式上的剥离。在具体的运行过程中，高校仍然采用行政干预的方式进行管理。最后是由于学校领导任期制等原因，高校对后勤社会化改革缺乏长远规划。很多高校采取走一步看一步的方式，缺乏制订长远改革目标的前瞻眼光，制订的后勤社会化改革方案缺乏创新，没有认真地考虑各自的特殊性和结合自身所在地区的实际情况。

第四，管理体制的因素导致高校后勤实体无法真正实现独立自主。当前，虽然多数高校完成了后勤部门与行政部门形式上的分离，但是大部分高校后勤实体并没有拥有独立的财产，也不具备独立的法人资格，因此无法实现真正意义上的自主经营和自负盈亏，在现有的体系下基本难以融入社会资本参与市场竞争。同时，由于高校的后勤实体承担了一些本应由高校承担的公益性责任，但是并没有给予后勤实体以补偿，后勤服务实体的营利目标和自我造血功能都难以实现。

二、高校后勤管理运行机制优化的思考

（一）寻找适合自身可持续发展的高校后勤模式

工欲善其事，必先利其器。尽管高校后勤改革曾在中国高等教育事业发展历史上多次突破制约高校发展的"瓶颈"，但由于后勤改革进程中出现的一些新情况、新问题，高校后勤改革逐步从高潮转入低谷，在一些高校中出现停滞不前甚至倒退的现象。实际上，在构建适合本校实际的后勤管理体制和运行机制的过程中，高校后勤要根据本校的经济实力和所处的市场环境，结合本校的实际需求，找到适合自身可持续发展的后勤模式，而非简单粗暴的"一刀切"，一味追求后勤行政化或社会化管理模式。

（二）推进专项后勤改革实施

中国高校后勤社会化改革就是要改变传统计划经济体制下，各高校自成体系的"行政型"后勤服务保障体系，使高校后勤除承担公益性的教育服务功能外，还要克服体制性障碍，按照社会主义市场经济规律要求，开放市场，参与竞争，形成统一开放、竞争有序、富有效率、满足师生多元化需求的现代校园服务市场和管理运行模式。通过加快推进后勤人财物管理、安全管理、信息化建设等多个专项工作，多措并举实现高校后勤服务质量和水平的提升。

（三）深化高校后勤社会化改革

中国高校后勤社会化改革是中共中央对于高校后勤改革的长期战略决策，是贯穿高校后勤改革几十年历程的一根主线，已逐渐成为高校后勤管理体制改革的主要发展趋势。此项工作不仅为保障高等教育改革发展做出了巨大贡献，也是中国高等教育领域一项成功的改革，有许多经验和成果值得总结。事实上，高校后勤应坚定不移地走社会化改革之路，不断调整以适应国家经济体制改革与高等学校内部管理体制改革的总体要求，打破传统高校后勤模式所形成的体制性障碍。

（四）提高高校后勤资源利用效率

随着新时期各项政策调整的力度越来越大，工作节奏越来越快，社会发展的速度远远超越常规，高校后勤必须全方位、多渠道挖掘管理和经营服务的潜力，提高后勤资源利用效率，只有这样才能经受得住严苛的审视和考验。高校后勤应围绕学校发展的中心工作和师生员工的需求，逐步实现以"自办后勤"为主向"选后勤、管后勤"为主的转变，引进社会优质资源，强化竞争机制，发挥市场机制对后勤资源的配置作用，提高后勤资源配置水平，扩大后勤资源共享范围，促进分散的校内市场相互融合，促进教育资源的优化配置，从而进一步推进高校后勤服务实体的优化。

（五）建立高校后勤资源配置指标体系

高校后勤应紧跟学校发展的步伐和师生员工的需求，重视提升与师生员工学习和生活密切相关的后勤工作的服务品质，力保学校发展到哪里，一流的后勤服务就跟到哪里。按照"存量追求效率，增量追求层次"的原则，建立高校后勤资源的静、动态管理指标体系，努力构建与世界一流大学相适应的新型后勤服务保障体系。按照高校发展规划学科建设和人才培养的需求，在保障后勤资源的前提下，实行资源的优化配置和动态调整，不断满足学校事业发展的需要，充分利用现有资源，使其发挥最大效益。

（六）研究打通全校后勤资源的可行性办法

高校后勤服务实体走向专业化、现代化，离不开产权清晰、权责明确、管理科学的资源管理制度。例如，学校各院系的会议室、报告厅资源分布零散且利用率不高，全年大部分时间处于闲置状态，从会议接待角度来看实属资源浪费。建议打通此类后勤资源，明晰资源的拥有权、使用权、收益权和处分权，给予后勤独立使用和处置资源的权力。通过将校内后勤资源条块化、集合化，不断提升后勤工作的主动性和灵活性，提高资产使用和资源配置的效率。

（七）创新高校后勤服务业态

在"互联网+"时代，大数据等信息技术飞速发展，高校师生愈加习惯于运用互联网和移动终端来获取信息和服务，这给高校后勤的基层实体带来了巨大挑战。高校后勤业态应根据新时代背景做出调整和创新，从传统线下服务转变为线上、线下同步服务，从多职能部门服务转变为一站式服务，真正做到"师生有所呼，后勤必有应"。

（八）重视高校后勤改革中的中国特色

深化高校后勤改革是一项长期复杂的系统工程，必须体现中国特色。高校后勤作为高校实现人才培养、科学研究和社会服务的必要支撑，在后勤改革中应结合当代大学生群体的基本特征，深化学生的理解与认同，协助高校构建社会主义核心价值观培育体系，达到"内化于心、外化于行"的效果。同时，中国高校后勤在维护学生人身安全和校园安全稳定等工作中肩负着重要责任，必须坚持从实际出发，注重内涵提升，强化特色发展。

三、高校后勤管理运行机制优化的途径

（一）坚持高校后勤社会化改革

一般来说，高校的改革对于市场的依赖强度比较大，市场通过一定的引导可以实现对于高校后勤的规范化管理。在管理过程中如果能够引入相应的政策支持，对于系统的管理工作来说将具有重要的意义与价值。后勤管理的过程中势必会涉及一些不容易解决的难题，政府的存在可以对这些难题做统一的安排与规定，在一定程度上可以提升后勤管理工作的效率。另外，对于相关制度的制订要给予重视，能够以制度化的方式对相关的行为进行约束，对后勤工作的管理进行一定的促进作用。

高校后勤社会化改革模式的创新离不开产权制度的改革。产权制度是以产权为依托，对财产关系进行有效的组合、调节的制度。科学合理的产权制度对提高后勤资源配置，提升后勤管理运行效率至关重要，高校后勤拥有科学合理的产权制度的核心是拥有清晰的产权。目前，高校后勤资产的产权名义上归国家所有，但实际上并不清晰，高校的后勤资产具体由谁负责、资产的最终风险应由谁来承担还未得

到清楚的划分。产权不清晰将损害后勤独立自主的经营权,导致学校与后勤不能真正分离,后勤的正常经营活动终究还是会间接或直接地受到学校干预。高校后勤将不可能按照现代企业制度建立自主经营、自负盈亏、自我发展、自我约束的法人实体。高校要建立清晰的产权和规范的产权制度可以通过以下三个方面来进行。

首先,明晰产权类别、合理设置产权制度。高校后勤拥有很多资产:按财产来源分类,分为自身积累资产和学校投入资产;按经营性质分类,分为经营性资产以及非经营性资产。高校后勤拥有的资产享有何种权利在制度上应有明确规范和约束,从而形成不同类别的产权制度设置。不同产权制度会影响国家、学校、后勤各方的利益。高校后勤在选择产权制度时一定要结合当地实际情况,在维护各方利益、保持稳定的前提下进行,同时要尊重市场经济规律,不能一刀切、搞一个模式,要稳中求进,逐步推进。

其次,全面界定高校后勤产权、理顺产权关系。目前,在高校后勤资产的产权如何界定上还没有统一定论,存在多样性和复杂性,必须运用科学的方法准确划分后勤资产产权,需要让具有专业资质的社会中介来进行合理的产权界定和资产评估,通过与学校协商一致并征得国有资产管理机构的认可,将后勤不同性质的资产从学校里彻底分离出来,形成清晰的后勤资产产权。

最后,引入职工、社会资本和不同高校后勤资本,形成多元产权结构。在市场经济前提下,想要提升一个企业的竞争能力,一定采取的是多元化的产权结构。当前,高校后勤实力弱小、竞争能力差,通过产权多元化能够迅速发展壮大,而产权多元化的一个重要渠道就是引入社会资本,社会资本不仅可以带来大量资金而且会带来先进的管理经验和服务技术,给高校后勤带来新鲜的血液,提升后勤的管理绩效。同时,让员工持股,特别是让管理层拥有相当股权,有利于极大提高管理层的经营积极性,减少短期行为的发生,使管理层能够从长远的角度去经营和发展后勤,并且对于保持学校稳定起到重要作用。高校后勤产权多元化并不仅仅只有引入社会资本和职工持股两种方式,诸如不同学校后勤之间、学校之间交叉持股也是一种多元化的手段,高校后勤实体应该积极探寻适合自己的多元化产权结构。

法人治理结构是现代企业制度中最重要的组织架构,是确定股东会、董事会、监事会和经理层权力、责任和利益关系的制度安排。完善的法人治理结构能够有效处理好委托代理关系,能够协调和制衡相关利益者各方权利,使管理者尽心尽职为企业发展贡献最大的力量,提升企业的价值。从国内外高校后勤改革模式的发展历程中可以看出,建立现代企业制度、完善法人治理结构是其管理模式中的核心组成部分,而且是评价该模式是否先进的一个重要标志。

高校后勤应从两个方面来完善法人治理结构和健全后勤管理制度。

第一，高校后勤应该注册成具有独立法人资格的企业，并根据公司法的规定，成立股东会、董事会和监事会，并且结合自身管理特点，制订各成员的权利、利益和分配制度，规范各成员的行为。高校后勤必须重视建立股东会、董事会和监督会的相关制度，而不是只进行形式上的简单操作，否则会因权利、责任、利益分配不公而影响后勤管理水平的提高。

第二，建立"集团—中心—班组"三级层级管理结构。集团是整个高校后勤企业管理的最高层级，是高校后勤企业管理的核心，从组织机构的构成来看，它主要包括办公室、人力资源部、财务部、经营发展部、外事协调部等职能部门，其主要职能是为后勤企业决策提供论证，制订集团的总体规章制度和总体经营发展策略，如人事制度、财务制度、薪酬分配制度等，对事关集团全局性的重大事项进行论证，对集团各经营业务部门进行业务指导与监督，对外代表集团与高校及其他社会部门进行交流与合作，对后勤企业的整体活动负责。中心是高校后勤企业管理的中间层级，具有承上启下的职能，是高校后勤企业管理的关键。从组织机构的构成来看，它主要包括集团内部各经营实体、各业务中心，是整个高校后勤企业的主体构成部分，其主要职能是负责组织本部门的运行和各项业务活动，向上汇报本中心的有关情况，向下传达集团的各项规定，在不违反集团整体规章制度的前提下，制订本部门的各项规章制度，并报集团审批，如中心管理规定、业务操作规程等，各中心对集团负责。班组是高校后勤企业管理的最低层级，是后勤企业运行和各项业务活动的具体执行者。从组织机构的构成看，在一些规模比较大的业务中心内部，为了进一步加强管理，根据业务分类，设立了一些班组，如维修班组、绿化班组等，其主要职能是遵守和执行集团、中心制订的各项规章制度，带领下属员工完成本职工作，同时将工作完成过程中出现的各种问题以及上级部门制订的规章制度在执行过程中存在的问题及时向上级反馈，并提出自己的建议、意见等。

（二）创新管理体制机制

学校领导人应该抱着积极的决策意识，自发地追求变化，并摸索适合学校后勤的改革之路。高校后勤工作人员要有坚定的创新意识，以服务质量的提升带动组织的发展，高校的学生和教师要以主人翁意识监督后勤企业运营制度的落实，支持和配合学校后勤事业的发展。

高校后勤的组织管理要建立独立的人事聘用制度，区别于企业的绩效考核和绩效薪酬体制。高校本身作为非营利性质的单位，后勤距离实现市场化达到社会化的最终目标还需要较长一段时间，后勤企业无法实现自负盈亏，也就难以真正推行企业化管理，这样的模式反而成为后勤人事管理的掣肘。因此，综合考虑当前的大环境，应当由政府主导，加强对后勤的财政补助，使后勤在借鉴企业化管理的基础上回归于高校统一管理，这样才能满足师生的后勤需求。

竞争市场是后勤社会化不可避免要面临的问题。要解决后勤企业在高校的社会化运作中公益性和市场化的矛盾，完善后勤服务保障，不但需要政府政策的大力支持和财政支持，更需要通过各类政策的优惠，合理制订校园后勤服务的价格机制。根据高校市场的不同领域，有效降低后勤企业的固定成本，在保障性需求方面采取保本微利原则，在竞争性市场和资源整合方面注重经济效益，在公益性需求方面合理协调。高校后勤市场化要求后勤服务实体作为独立法人，对于市场的经营能够掌握完整的信息流，通过合法的方式进行相应的工作进度的调整，而且有必要制订出各种政策，从而让师生受益，有效提升服务水平和质量。

后勤管理体制机制的形成与发展是要根据国家经济和高等教育发展的要求而不断进行调整、改革和完善的。检验后勤管理创新成败的标准是要看是否有利于学校教学、科研的后勤保障，是否有利于改善师生员工的生活，是否有利于提高学校的办学效益和综合实力，是否有利于后勤的发展和经济实力的增强，而不是追求形式上的创新，所以要本着实事求是的原则，基于后勤管理实践，建立切实符合本校实际的管理体制机制。

不加分析、不从实际情况出发，生搬硬套某些管理体制创新的理论、做法，或机械地按上级指令办事，最终会经不住实践的检验，由此做出的错误决策甚至会造成学校利益的重大损失。决策者应该系统、超前地研究后勤管理理论，重视基层单位在改革实践中积累的经验，结合自身实际，合理地借鉴兄弟高校的先进经验，并将创新方案建立在决策者与执行者、上级部门与基层单位共识的基础上，尽最大努力避免脱离实际的盲目决策。

各个高校的实际情况不同，对后勤管理体制的要求也不同，由于高校所处的市场环境和校内情况各不相同，实现途径和进程也不可能完全一致。高校还应根据各自的情况制订阶段性目标，鼓励积极进取，同时也要反对盲目冒进。目前，多数高校成立了后勤服务实体，并在争取做大做强。其实，这种做法不是每一所高校都适合的。对于后勤正式职工多、市场环境不成熟的高校来说，做大做强后勤服务实体是必要的。

但是，做大做强后勤服务实体的难度很大，需要经过长期的努力。因此，对后勤正式职工比较少、市场环境成熟的高校来说，最好的选择是不办后勤服务实体，直接将后勤的职能交给社会。学校之间没有必要比较谁的后勤实体强大，应该比的是谁有能力快速稳妥地达到改革目的，建立起最有利于学校发展的后勤保障体制。后勤服务实体的发展也应讲究策略，应该通过与优质企业的合作，整合资源，借助优质资源实现企业的跨越式发展。

目前的高校后勤社会化改革是我国的经济体制由计划经济向市场经济转变过程中在高校后勤领域的具体体现，高校的后勤管理体制自然就受到所处地区经济环境的影响。当高校所处地区的经济发达、相关企业经营管理水平较高时，社会能够在更多方面提供高质量、低价格的后勤服务，高校后勤社会化程度会高一些，较多的后勤服务项目可以由社会相关服务企业来经营管理；如果高校所处地区的经济水平不高，相关企业经营管理水平不高，由社会提供高校的后勤服务成本高，也不能达到高校要求的服务保障水平，高校后勤社会化程度就相对低些。后勤管理体制要适应所处地区的经济环境。

（三）加强后勤预算管理机制

我国高校后勤预算管理的机制是后勤内部管理机构、后勤管理人员、后勤管理制度、后勤管理方法和后勤管理内容等在形式层面的相互作用。

第一，结合实际，加强宏观指导。在后勤预算管理工作中，领导层面往往下达命令，利用行政层级关系对预算进行管理，或者说对预算管理人员提出明确要求。这种方式往往忽略了下级管理的自主性。长此以往，导致预算管理人员缺乏自主意识，过分注重完成上级交给的任务，导致预算管理僵化。有的部门虽然在指导方面做出了一些工作，但是指导方向不具体，也没有明确的管理目标，导致指导工作流于表面，没有实际意义。具体来说，有关部门可以对预算管理人员进行工作方法的指导，而不是仅仅针对某一工作或某一突发事件提供建议。

第二，树立服务意识，弱化行政手段。对于预算管理者而言，过分在意管理者的身份，而忽略服务功能，导致预算管理工作实施存在困难。后勤部门不能忘记自身服务的本质，应不断树立服务意识、创新服务功能、完善服务手段，以保证后勤预算管理工作服务于高校各个部门。管理人员需要增强服务水平，有针对性地进行服务。在强调服务的同时，逐步弱化行政手段，使行政计划与指导服务同时在预算管理工作中发挥作用。

第三，运用现代化信息技术，多种管理方式相结合。随着社会的发展，传统的预算管理模式已渐渐不能满足发展的需要，而现代的信息技术和手段也越来越多。

高校是科学研究的前沿机构，更应该紧扣科技的发展，采用现代化手段来提升管理水平。例如，学校可以利用网络办公系统将预算管理的各个环节展示出来，给予管理人员相关的操作权限，把预算管理由线下管理转为线上管理，以便提高管理效率。

我国高校后勤预算管理功能机制包括三个方面，即激励、制约和保障机制。任何一个方面的缺失都不能使预算管理机制的各个环节协调运行，最终难以实现预算管理的目标。

第一，实施多种激励措施，进行有针对性的激励。在激励手段上，应该使用思想激励和物质需求激励相结合的手段。对管理者而言，激励是一种有效的正面活动，可以使管理者从主观意识上对预算管理工作提高重视。学校应着手提高管理者的思想觉悟，更好地完成预算管理工作。此外，可以树立优秀典型，对预算管理成果较好的管理者给予荣誉称号，满足管理者在思想和精神层面的要求。同时，还应该给预算管理者一定的物质激励，以便更好地调动其工作中的积极性和主观能动性，使其发挥更多的创造力。对于不同管理者，所采取的激励形式应各不相同。学校应根据职工所处的阶段、不同的内在需要等来建构有效的激励体系，使得激励手段具有针对性和灵活性。

第二，建立以公开为核心、以制度为指导的制约机制。实行预算信息公开机制，可以通过多种形式进行信息公开透明化的预算管理，即在预算管理中，接受群众和组织的监督，保证预算管理工作的规范性。预算公开机制是通过群众监督的形式对预算管理工作进行规范，这样可以实现机构与群众的双重监督，使得预算管理工作保持公开透明，对预算管理工作者也起到一定的警示作用。高校应建立起健全的预算管理规章制度，各单位严格按照既有的制度文件行使预算管理工作职权，开展预算管理工作。校内预算管理的相关规章制度是开展预算管理工作的指导文件，为预算管理工作设定界限范围，提示预算管理者什么能做、什么不能做，是预算管理工作有效的指导和准则。制度文件应全面覆盖预算管理工作，包括预算工作的相关解释、预算全过程的时间规范、预算管理者的行为准则、预算工作流程的详细介绍等。

第三，预算管理的功能机制包括了预算管理的激励机制、预算管理的制约机制和预算管理的保障机制三个方面。高校后勤原有的预算管理机制受传统行政管理观念的影响，通常更注重制约机制，而忽视了激励的形式和保障的手段。激励机制是推动预算管理人员发挥主观能动性的手段；制约机制是预算管理工作常态化发展的必要条件，可以使预算管理机制有序开展；保障机制是使预算管理工作正常进行的重要措施。激励、制约和保障这三个预算管理的功能机制是相辅相成的，任何一个方面的缺失都不能充分发挥高校后勤预算管理机制在高校后勤预算管理工作中的作用。

（四）健全市场运行机制

高校后勤管理体制要适应市场经济体制的发展，就要坚持育人与效益并重的原则，转换经营机制，优化资源配置，更新管理理念，创新发展模式，积极推进高校后勤服务社会化。

第一，要引进现代后勤服务方式，提高后勤市场竞争力。在市场经济下，服务也是一种无形的商品。要提高学校后勤参与市场的竞争能力，就必须引进现代化的服务方式，切实提升后勤的现代化服务水平，提高服务质量，使学校后勤服务成为师生心目中优质的品牌。

第二，要充分利用价值规律的作用。在市场经济条件下，价值规律的激励作用对高校后勤市场同样具有较深刻的影响，学校后勤要自觉发挥和充分利用价值规律的作用。一方面，要加强成本核算，降低成本，减少浪费和损失，使各项服务价格低于社会同类服务价格；另一方面，要了解市场、掌握市场，主动开拓市场，不断地遵循市场调节的红绿灯信号，使服务在实践中增值，从而最大限度地为师生员工提供优质服务。

（五）实现企业化管理机制

世界高等教育和著名高校发展的历史表明，高校后勤既与社会经济发展水平相适应，也和高等教育、高校发展水平相适应。我国的高校后勤社会化改革最根本的就是要改革那些与社会主义市场经济不相适应的后勤管理体制和运行机制，最大限度地促进高校后勤管理的发展，探索出一条符合我国高等教育实际需要的高校后勤保障之路。高校后勤实体是社会化改革的产物，在社会化改革中扮演着特殊的角色，有特殊的社会功能，是整个社会化改革的关键点。将来，高校后勤实体将通过一系列社会化的运作方式，继续新建和改造大量的后勤服务基础设施，有效缓解高校后勤资源总量不足的矛盾。同时，高校后勤实体始终坚持为高等教育服务的宗旨，遵循教育规律，不断提高管理水平和服务质量，保证高校生活秩序的稳定，维护高校各项改革的顺利进行。

通过实践与探索，我们深刻体会到，后勤工作必须以学校为主体，服从服务学校发展大局，建立和完善与学校发展相适应的优质高效的后勤管理运行机制，为学校的可持续发展提供一个良好的环境。

(六)完善后勤监督机制

高校后勤应加强财务管理,完善监督机制。一是自觉接受纪委、监察、审计、财务等部门的监督,使后勤的经济活动在体制和机制上始终处于有关部门的监督之下;二是严格实行工程和大宗物资采购的招标管理;三是加强后勤各单位的财务监控和财务管理,严格执行财务制度,从严控制非生产性支出,努力降低成本费用开支;四是在认真核算各实体的管理成本和运行成本的基础上,科学合理地确定相应的定额费用,逐步推行定额管理,特别是要加强对各经济实体管理费的定额监控;五是科学论证、合理使用发展基金,努力实现资金效益的最大化。

第四节 高校后勤管理服务机制的创新

一、明确后勤管理服务机制的目标

当前,高校负担尤其是后勤管理负担太重、后勤市场开放不足、资源没有得到有效配置以及后勤服务水平相对低下等问题还很突出。新型后勤管理服务机制的构建就是要实现减轻高校负担,转变高校职能,提高后勤服务质量,促进高校的发展和建设。具体做法如下:一是将后勤服务从高校中剥离,与社会保障制度接轨,加入社会服务保障体系;二是依托学校后勤资源,组建独立的经济实体,并且自主经营、自负盈亏,从而减轻学校负担,保证高校能够专注于教学科研,提高教育质量和办学水平;三是将高校后勤纳入市场经济体系格局中,通过后勤市场的开放和后勤资源的合理配置,建立健全竞争机制,引入社会资金和力量,建立由高校自主选择服务行业、承包企业和经营模式的新型高校后勤服务体系,从而促进高校后勤管理水平和服务质量的不断提高。

新型后勤管理服务机制构建的基本原则是:要在高校后勤社会化管理模式下,以为高校教学、科研和师生员工生活提供优质服务为宗旨。明晰后勤资产范围和经营权限,建立社会主义市场经济体制下的现代企业制度,提高后勤服务质量。在建构新型管理服务机制过程中要充分调动后勤干部职工的热情,激发其参与的积极性,推动改革与创新,在实践中继续深化后勤社会化改革。此外,还要建立相应的保障制度,使学校能够有效地规避市场风险,在独立经营、自负盈亏的同时保障国有资产的保值和增值。

在构建新型后勤管理服务机制过程中要遵循价值规律、竞争规律、教育规律和市场规律。一是遵循价值规律。后勤服务是一种商品，通过买卖实现其商品价值，要在服务中体现其价值规律，降低后勤服务成本，提高服务效率，建立能适应社会主义市场经济的经营管理制度和运行机制，如人事、财务和分配机制等。二是遵循竞争规律，要占领高校这个特殊市场、壮大后勤企业实力，就要建立竞争机制，在经营实体之间以及校内与校外之间展开充分市场竞争。高校通过竞争获得优质的服务，企业通过竞争占领高校市场，并在充分竞争中获得应有的收益回报。三是遵循教育规律和市场规律。我国高校后勤无论在计划经济还是市场经济条件下，都具有教育和经济双重属性。在构建新型后勤管理服务体制过程中，教育规律和市场经济规律同时发挥着重要作用，两个规律都无法违背，既要考虑经济效益的实现，又要坚持"三服务、两育人"的服务宗旨，保证高校后勤实体运行的平稳、有序。

二、推进后勤管理服务机制转变

多年改革经验告诉我们，高校后勤社会化改革本质上是高校后勤管理机制的改革。只有从管理机制上进行改革，才能从根本上转变后勤服务部门的管理模式、用人制度、资产管理，从而促进服务运行机制的全面改革，最终完成服务运行模式的转变。新型高校后勤服务体系作为高校后勤社会化改革阶段的建设目标之一，要想顺利建成，就必须将"行政式"的管理机制转变为"社会市场式"的管理机制，最终将高校后勤纳入社会市场。高校后勤管理机制的转变"从表面上看是单项的改革，实际上涉及政府财政、建设、地税等诸多部门，以及金融、建筑、房产管理等许多方面，不仅政策性强，实践要求也颇高，是一项庞大的系统工程，仅靠高校后勤自身或者学校力量是无法完成的。管理机制的"社会市场式"转变，使社会上的竞争力量进入高校后勤服务领域，使高校后勤原本受到各种保护的利益格局遭到挑战与冲击，从而造就了高校后勤主动性不高，缺乏进行自身彻底改革的足够动力。因此，在高校后勤管理机制改革过程中，政府要以主导者的角色出现，自上而下地推进、制订和出台相应的扶持政策与行政法规，让高校做到有法可依，进而推动高校后勤管理机制的转变，为规范高校后勤市场与后勤服务工作的稳定打下基础。

三、创新后勤管理服务保障机制

新型高校后勤管理服务机制主要由高校后勤实体、校企联合的服务企业，以及政府或社会第三方参与的企业等组成。高校与这三类企业或经营实体以不同的方式建立合作关系，签订完备的服务协议条款，保障高校后勤服务各方面的需求。同时，为促进后勤管理服务的专业化、规模化和科学化，通过政府扶持或社会第三方组织的积极参与，各高校应结合经济发展水平和地缘优势，优化重组现有后勤市场和资源，成立专门机构或后勤服务公司，充分发挥地区优势。

该模式充分考虑市场机制和竞争机制，通过巩固校内市场和开拓校外市场，实现市场机制下后勤实体综合实力的增强。同时，为实现后勤实体高质量高效益发展，高校要推动后勤实体与市场的融合，形成多元化的产业结构，合理配置资源，实现后勤企业的高效运作和发展。第一，高校后勤要引入现代企业制度，明晰产权，规范经营，更好地获取经济效益。第二，创新后勤实体组织机制和人力资源管理机制。第三，创新财务管理机制，要选择和确立合适的财务管理总目标。第四，创新绩效考核机制，实施客观、公正的考核评价机制，同时建立科学合理的薪酬评价体系，激发广大后勤员工的积极性，提高后勤服务效率。第五，加强政府引导，完善各项配套政策措施，对社会服务企业加以规范和引导，如成立地区高校后勤联合会、区域性高校后勤服务组织总公司和地区后勤服务学会等，推进学校后勤管理与服务的规范化和现代化建设。

此外，新时期的高校后勤服务保障体系面临许多挑战，必须及时调整工作方式与服务模式，实现与时俱进的发展。

四、优化后勤管理服务运行机制

高校后勤管理服务运行机制是指高校后勤服务体系各组成部分或者各要素之间相互联系、相互促进、相互制约的过程及其运行方式，是引导、制约、推动高校后勤服务体系整体正常、健康运行的方式或原理。科学、系统的运行机制不仅能够真实地反映高校后勤服务的供给效力和运行规律，而且还是后勤服务体系实现自我创新与自我发展的根本保障。

当前，我国高校在后勤服务的提供方面承受着不断增长的压力。随着经济、社会关系的日益复杂，高校师生对后勤服务各方面的要求日益苛刻，高校后勤服务要回应这些挑战，保证服务建设目标任务的真正实现，保证服务体系的健康可持续发展，就必须不断地改善高校后勤服务的运行机制，让服务科学合理、灵活协调、高效地运行，并形成体系。

在高校后勤服务体系构建过程中，结合体系内部各要素之间的关系，针对高校后勤服务经济性、公益性、服务育人的特点，笔者认为高校后勤服务体系的运行机制是由决策机制、投入机制、协调机制、监督机制、问责机制、动力机制和创新机制等组成。这七种机制有机结合、相互关联、相互制约，构成一个完整的高校后勤服务体系的运行机制。

五、加强后勤队伍建设

后勤要发展，人才是关键。只有员工队伍强大了，后勤的管理、服务、文化等才能得到有效提升与健康发展。高校要加强学校后勤队伍的整体建设，对运行过程中出现的问题及时纠正解决；强化全员培训，特别是服务一线的员工，他们的一言一行都会潜移默化地影响着学生，因此更应接受定期培训。根据学校后勤员工结构的实际情况，高校可通过员工易于接受的培训形式，不断提高广大员工的业务素质和后勤团体的综合服务水平。

六、加强后勤信息化建设和精细化管理

后勤部门应充分利用新媒体媒介，如微信公众号、QQ群、二级门户网站等搭建与师生沟通交流的平台，促进后勤服务质量和效率上一个新台阶。同时，各高等院校根据自身的实际情况，推进如公寓楼门禁系统、通勤班车刷卡系统、校内超市浴室等生活服务与校园一卡通的对接，利用信息化手段，让师生校园生活更加方便快捷。

七、健全后勤管理服务有效监督机制

高校后勤服务监管体系是对高校后勤日常经营、服务、管理等进行监督和控制，通过科学考核与评价，对过程中存在的问题"强制性"地加以纠正的一系列工作活动的总和，是高校后勤实现"三服务、两育人"的必然要求，是对后勤服务工作实施有效监控、获取真实全面信息的必要手段，是促进高校后勤服务可持续健康发展的立足之本。一个成熟的行之有效的后勤服务监管体系应包含组织、制度、技术手段三个层面。组织层面指的是构成监管体系的相关组织机构及职能部门，制度层面指的是为实施科学监管制订的各种规章制度与工作流程，技术手段层面指的是落实监管工作中的技术软体支撑。

高校要充分发挥广大师生的民主监督职能，搭建起校园大数据平台，实现信息沟通顺畅、资源共享，推动后勤社会化改革，明晰后勤资产产权关系，确保后勤实行现代市场化的企业管理制度。

第四章 高校后勤服务育人概述

高校后勤服务育人是一项基础性、全局性和保障性工作，能够保证高校各项工作的顺利开展，是高校全方位育人的重要组成部分。

第一节 高校后勤服务育人的实践历程

一、萌芽阶段

新中国建立之初，国家参照苏联的高等教育模式，建立了适应计划经济的供给型、福利型的高校后勤体系，为高校的正常运行提供了基础保障，逐渐形成了"一校一户办后勤，校校后勤办社会"的"小而全"的状况，高校后勤在这一时期初步成型。与此同时，在教育理念上，鉴于新中国对人才的迫切需求，1950年，中国教育工会第一次全国代表大会将教育工作细化为"教书育人、管理育人、服务育人"，这一教育口号的提出是对教育改革的一次新尝试，对教育理念的一次新探索。毛泽东于1957年在《关于正确处理人民内部矛盾的问题》中指出，"思想政治工作，各个部门都要负责任。共产党应该管，共青团应该管，政府主管部门应该管，学校的校长教师更应该管"，在一定程度上肯定了高校的思想政治教育的重要性，表明高校各个组成要素都应发挥其应有的育人功能。由此可见，这一时期的高校后勤在探索中发展，其育人职能也在探索中初见端倪。

二、复苏阶段

20世纪60—70年代，我国进入社会大变革的动荡时代，教育事业随即也陷入了动荡和混乱之中，停滞不前。

1978年召开的十一届三中全会作为新中国成立后的重大转折点，重新确立了实事求是的思想路线。邓小平同志在1978年的全国科技大会上提出"自己愿做科技和教育战线的后勤部长",首次将"后勤"一词引入教育事业。而此时的高校后勤也随着社会改革的浪潮,做出了第一次成功的尝试——普遍实现单向经济承包责任制,但这一改革并未改变"小而全、大而杂"的状况,高校后勤也未能明确其"育人"功能。直至1985年,清华大学后勤部门提出"服务育人"口号,得到全国高校后勤的普遍认同,成为后勤工作的"宗旨"。

1987年,《中共中央关于改进和加强高等学校思想政治工作的决定》中提出"加强教职工队伍的思想建设,大力提倡教书育人、服务育人",提出高校全体教职员工要牢固树立"为人民服务、为教学服务"的思想,加强职工思想政治工作。随后,国家教委(今教育部)在首次高校后勤服务育人座谈会上正式提出了"三服务、两育人"的后勤工作宗旨,即"为教学服务、为科研服务、为师生员工服务"和"服务育人、管理育人"。从此,高校后勤"服务育人、管理育人"的职能被正式提出。

1991年11月,为推动高校后勤发挥育人功能和作用,由国家教委条件装备司、全国高校后勤研究会组织,在清华大学召开"高校后勤服务育人、管理育人研讨会",到会正式代表42人,列席人员17人,分别是来自29所高校的校处级干部。国家教委党组副书记、副主任朱开轩到会并发表讲话。会议共收到20多篇经验交流材料、3本专著。在会上发言的有清华大学等11所院校,其中,清华大学就"劳动育人"作了比较全面、系统的发言。受到这次研讨会的影响,全国各省市区教委、教育工会陆续召开"三育人"学习交流会。

1994年8月31日,《中共中央关于进一步加强和改进学校德育工作的若干意见》指出:"进一步发挥全体教职工的育人作用。……学校各项管理工作、服务工作也要明确育人职责,管理育人,服务育人。"

三、发展阶段

1999年,由教育部、国家计委(今国家发展和改革委员会)等六部委联合制订发布了《关于进一步加快高等学校后勤社会化改革的意见》,创建以上海高校后勤股份有限公司为代表的准社会化的高校后勤集团。随后,在全国范围内,以建立"市场提供服务、学校自主选择、政府宏观调控、行业自律管理、职能部门监管"的新型高校后勤保障体系为目标,掀起了高校后勤社会化改革的浪潮。

随着我国高等教育的改革和发展,如今的高校后勤已经实现了由传统的"行政模式"向实行"面向市场、有偿服务、自负盈亏、自我发展"模式的转变。后勤内部运行遵循市场经济规律，追求经济效益，使得这一改革在一定程度上淡化了高校后勤为师生服务的观念，忽视了高校育人的本质，从而削弱了后勤服务育人的功能。这一改革所带来的弊端对高校以及其后勤部门提出了新的挑战，也使强化后勤服务意识和育人职能，恰当结合服务育人与有偿服务，有效融合社会效益、育人效益与经济效益成为高校后勤改革的当务之急。

面对高校后勤在社会化改革过程中出现的问题，国家方面也出台了相关的政策，用以强化高校及后勤的服务育人意识，强化高校思想政治教育工作。

1999年，中共中央、国务院印发的《关于深化教育改革全面推进素质教育的决定》指出，思想政治教育的根基来源于生活，如果脱离生活实际，将思想政治教育理想化、形式化、知识化，就会使这种教育的有效性虚无化。贴近生活，将学生生活环境中的各种因素特别是容易被忽视的"非直接教育性因素"均纳入学生的思想政治教育方式中，寓思想政治教育于学生的日常生活中正在成为我国思想政治教育走向新阶段的标志。

2004年《关于进一步加强和改进大学生思想政治教育的意见》指出，学生公寓不仅是学生的休息场所，也是学习场所，更是一个极其重要的思想文化和意识形态阵地。此外，针对大学生思想政治教育工作，诞生了一系列新思想、新举措，表明了新时代背景下党对大学生思想政治教育工作的深刻认识和把握。

在2005年全国加强和改进大学生思想政治教育工作会议中，明确指出了加强和改进大学生思想政治教育是一项涉及方方面面的系统工程，各高校要努力形成党委统一领导，党政群团齐抓共管，全体教职员工全员育人、全方位育人、全过程育人的工作机制，号召高校各部门全体动员，强化思想政治教育，强化育人意识。

2017年2月27日，中共中央、国务院印发的《关于加强和改进新形势下高校思想政治工作的意见》指出，坚持全员、全过程、全方位育人，把思想价值引领贯穿教育教学全过程和各环节，形成教书育人、科研育人、实践育人、管理育人、服务育人、文化育人、组织育人的长效机制。

2017年，教育部党组颁发《高校思想政治工作质量提升工程实施纲要》，对"服务育人"进行了规划部署。中国教育后勤协会把"高校后勤'服务育人'内容与长效机制研究"立项为重点课题。以赵晓军等研究人员组成的课题组于2017年9月1日开始，至2017年12月31日结束，课题组历时四个月的时间，收到全国18个省市自治区的调查问卷。课题组对调查问卷进行分析研究，得出以下结论。

第一，教职工对后勤工作关注度较高，普遍认为有必要进行后勤服务育人，对当前后勤服务育人评价一般。教职工认为高校后勤应以服务育人和管理育人为主导，同时认为高校后勤也存在实践育人、文化育人、组织育人和科研育人。教职工认为高校后勤服务育人的主要途径有优质服务、管理制度、环境文化、情感互动和社会实践。教职工认为宿管部门、环境（物业）部门、饮食部门、维修部门最能发挥育人功能。教职工认为高校后勤发挥育人功能存在内涵建设不足、学校领导重视不够、学生没有获得感和体验感、人员素质不高等问题，应从建立制度、营造氛围、树立典型、绩效考核、领导重视等方面建立长效机制。

第二，学生对高校后勤服务育人情况了解不够，对后勤服务育人评价不高。学生认为后勤员工应从与人沟通、服务态度、个人形象、文化素质等方面改进工作，认为后勤员工应该像朋友、像师长、像姊妹兄弟、像父亲母亲。

第二节　高校后勤服务育人的现状

一、高校后勤服务育人表现

高校后勤具有教育性毋庸置疑，但是它同时也具有社会性。社会化改革后的后勤，经济性是它不可或缺的一部分。高校后勤作为高校教学、科研的保障部门，围绕着教学而工作，通过服务师生与教学来表现它的教育性。在后勤社会化之前，这种教育性被明显地展现出来。但在社会化之后，教育性很容易被人们忽视，而且会被后勤追求经济效益的表象所掩盖，但我们必须明确后勤的服务对象。高校后勤在社会化之后，它面对的主要服务对象仍然是学校，这在客观上决定了它仍然具有教育属性。

高校后勤工作中的"服务"与"育人"是相互依存、不可分割的。"服务"是"育人"的前提、基础、手段和途径；"育人"是"服务"的目的、归宿和最终检验标准。只有通过优质服务才能达到"育人"的目的；离开优质服务，"育人"便无从谈起。后勤工作者通过辛勤的劳动、质朴的品质为学生提供良好的生活环境，以饱满的热情和得体的言行在工作中给予学生一定的正向引导，这要求后勤员工秉持"以学生为本"的原则和育人的理念进行工作。如果，没有理念与信念的支持，后勤服务很难一直保持良好的水平。要想很好地发挥高校后勤服务育人功能，不仅要求后勤人员专业技能和服务水平到位，也要求后勤员工具有更高的道德素质，能以人格魅力感染学生。高校后勤服务从两个方面实现其育人功能：一是高校后勤服务对高校育人工作的保障，二是高校后勤在服务中对学生品质和修养的引导。

人与环境、主体与客体之间的关系是双向互动的。大学生的成长不仅受到学习生活中授课教师的影响，更受到生活环境的影响。学生优良的思想道德和行为习惯的养成，不仅需要优秀的教师和教学管理团队，更需要优质、高效的后勤服务。优美整洁的校园环境、良好的服务态度、健全的管理模式将极大地提升学生审美能力与优秀品德的形成；相反，落后劣质的服务、脏乱的校园环境将严重阻碍教学的顺利进行，不但不利于学生学习专业基础知识，而且严重阻碍学生良好品质的养成。优美的校园环境是高校整体形象和文化的体现，是教职工和学生生活的大环境。

公共基础设施是高校一切工作的基础，没有完备的教学与工作设施，就如战场上的战士没有枪。一个设施不完善的高校将无法有序地完成教学工作，更无法快速、高效地进行与教学相关的科研工作。饮食与住宿是学生在校生活的基本保障，没有后勤服务作保障，学生将无法全身心地进行学习和科学研究。营养丰富的饮食与温馨舒适的住宿生活环境可以有效提高学生的体质水平、改善学生的生活条件，让学生可以专心致志地学习与思考。

高校后勤与学生生活息息相关，社会化改革后的后勤更注重服务质量和服务态度。有了竞争机制就有了服务质量的提高，后勤员工作为一线服务人员，他们的言行举止及品德素质都会对学生产生极大的影响。学生在不知不觉中会把外在感受到的真善美与正能量内化成为优良的品德与行为习惯，在优美且富含文化底蕴的校园环境中学会审美，在良好的校园生活氛围中形成正确的人生观和价值观。高校后勤在满足学生的物质需求的同时，也可以极大地丰富大学生的精神需求，让学生始终生活在一个充满美感与温暖的校园大环境中，在为学生提供服务的同时也在给他们上了一堂生动的"人生课"。

二、高校后勤服务育人环境

随着后勤社会化改革的不断深入，高校后勤从原来封闭的体系逐步转变为开放的体系，由福利型的部门逐步转变为经营型的部门，在满足高校教学、科研和师生员工生活的需求的前提下，充分依托高校的人才、知识、信息、技术以及国家对高校政策上的优惠，面向社会服务，参与市场竞争，不断向企业化的方向发展。作为一个企业，企业文化是其企业价值理念的最高体现。但由于高校后勤是以高校为背景的，所以其企业文化和企业环境是不同于其他社会企业的，它其实是大学校园文化的延伸，也是大学校园文化的补充和组成。诸如不少高校后勤将大学的教育理念融入企业的文化理念当中，将大学的博爱、宽容、开放、求真的精神融入服务思想当中，从而使得企业文化与大学文化息息相关，呈现出更高的契合性和统一性。

和谐的校园环境氛围是做好后勤育人工作的重要条件之一，后勤工作在构建和谐校园的建设过程中有着举足轻重的作用。如果没有高效率、高品质的后勤管理制度体制，没有强有力的后勤服务工作保障，没有良好的高校后勤服务系统，就不可能拥有健康和谐的校园环境。高品位、高品质的校园环境对于现代大学生的高尚思想品德修养的形成具有十分重要的陶冶作用，对于当代大学生的思想以及他们的学习都具有激励作用。

我国古代有"借山光以悦人性，假湖水以静心情"的说法，由此可见良好的环境对于人性修养的重要性。加拿大教育学领域教授斯蒂芬·利考克先生在《我见之牛津》一书中深有感触地说："对当代的大学生们来说，真正有价值、值得提升的东西，是他们接触最多的他们周围的生活环境。"从高校后勤服务的员工的角度来看，环境育人至少应该包括优美的校容校貌、健康的校园文化环境、良好的后勤管理环境、和谐的心理环境等。高校后勤各个部门只有通过高效率的管理、优质的服务以及坚固的保障，才能更加精心地、更好地去努力营造一个健康的、和谐的、积极向上的校园环境。良好的校园环境对于当代的大学生的健康成长成才有着重大的影响。高校优美的校园环境包括校园各个场所的环境都会对育人工作起到至关重要的作用。和谐优美健康的校园环境不仅仅有利于大学生们健康、幸福地成长，全面、自主地发展，更有利于高校营造出一种积极的、健康向上的氛围。

三、高校后勤服务育人制度

对于一个企业来说，内部管理的能力是至关重要的。企业的发展目标能不能实现，各项指令能否有效地执行，生产经营活动能不能按照既定要求进行，都需要一套强有力的内部管理制度。同样，高校后勤要真正担负起育人的职责，关键就在于企业的宗旨、理念、精神能否在生产经营服务活动中得以充分体现，这当然得依赖于内部管理制度的强化。

一些高校后勤企业在服务质量管理及执行操作方面初步形成了一系列的制度，为育人打下了良好的基础。有的高校后勤非常强调内部执行操作程序，所谓内部执行操作程序就是制度在实践层面的具体体现，主要有规范服务和优质服务两种表现形式。所谓规范服务就是指高校后勤通过行业标准化建设来强化规范服务，即通过制订各行业的行为规范来统一员工的服务行为，明确服务所应达到的标准和要求，包括服务的形象、价格、态度、质量等各个方面。优质服务则是以规范服务为基础又高于规范服务的服务态度，也是高校后勤一直所提倡、所期望达到的服务状态。

大多数高校后勤都通过培训来强化员工的优质服务意识，通过开展"优质服务月""便民服务日"活动，推出承诺服务、微笑服务、24小时服务，以此来强化后勤在师生心目中的良好服务形象。通过规范优质的服务行为使得整个服务过程成为一种享受，从而对服务对象产生一种潜移默化的影响，使之在与人相处的过程中，不自觉地体现出这种良好的言行状态，这就达到服务育人的目的了。

四、高校后勤服务育人渠道

当前高校后勤实现服务育人的渠道分为四类：在后勤服务人员的队伍建设中实现服务育人、在后勤常规服务中实现服务育人、在传统与新型载体的互补中实现服务育人和在生活环境的文化建设中实现服务育人。

首先，在后勤服务人员的队伍建设中实现服务育人。高校后勤工作队伍是实现服务育人功能的主体和组织保证。目前，各高校后勤在不断提升后勤员工的整体思想素质和认识，明晰个人的角色定位。有的高校后勤不仅把自己作为服务者，也将自己当作教育者；还有的高校打造了"育人先育己"平台，将具体服务事务上升为育人事业，将学习升华为学问，将育己升华为育人，同时打造了"园丁之家"平台，实现了后勤人员的价值新提升。一些高校建立和培养了一批高校后勤生活辅导员，他们工作在学生宿舍等生活区，帮助学生解决实际的生活困难；引导学生树立集体观念与责任意识；关注学生言行，针对学生关心的热点、焦点问题，及时进行过程参与和引导；了解学生的思想动态，传递社会正能量，帮助学生健康成长。通过后勤生活辅导员队伍的工作，实现了学生民主参与、自我管理、换位思考、相互促进，增强了后勤服务育人工作的有效性。

其次，在常规的后勤服务中实现服务育人。后勤部门在常规的后勤服务中主要是通过相关的后勤服务制度实现其服务育人的功能的。后勤高效有序的运转和实施将使学生切实感受到制度的力量，并认识到制度的重要性，有利于学生规则意识与制度意识的养成。另外，落实民主程序、积极就后勤服务与学生进行沟通也是高校后勤发挥育人功能的重要渠道之一。有的高校通过大学生参议会收集学生的建议与意见，举办学生见面会进行面对面的沟通，增强了彼此之间的相互理解，促进了后勤服务育人功能的有效性。除此之外，克服常规服务中水平不高、专业化程度不够的环节与行为也是高校后勤实现服务育人功能的有效途径，如通过了解学生诉求，主动改善服务环境、降低服务价格、强化沟通和服务行为等，积极地向学生传递正能量，提升学生对服务的感知度和自我教育的能力。

再次，在传统与新型载体的互补中实现服务育人。随着"微"时代的到来，融入了数字技术、互联网技术及移动通信技术的网络媒体，如快手、微博、微信等，已经成为相对电视、报刊、广播等传统媒体而言的新媒体。新媒体已然成为宣传高校后勤服务的有效载体，也成为实现服务育人功能的有效途径。基于新型服务载体发展迅猛、开放互动、传播迅速、复杂多元的特性，许多高校后勤不断加强自身建设，增加了应对复杂网络舆情的能力。

最后，在生活环境文化建设中实现服务育人。以生活文化环境建设为主体的服务环境建设，旨在做好学生生活园区、学习场所、就餐场所、休闲场所等环境建设工作，使环境育人成为服务育人体系的有效补充。现代教育心理学认为，在人的性格形成过程中，环境因素影响很大。同时，马斯洛需求理论将人的需求分成五类，它们是由低级向高级逐步发展的，低一级的需要满足后才会诱发高一级需要的产生。只有满足广大学生日常学习、生活环境的硬件要求和软环境要求，才能谈及大学生思想政治教育、服务育人功能这一层面。随着高校管理机制改革以及现代大学制度建设，越来越多的高校在环境建设方面做出了积极努力，新校区建设在各地兴起，环境文化的育人功能受到越来越多高校后勤工作人员的重视。高校后勤逐步创造出整洁有序的校园环境，为学生提供了良好便捷的生活场所，因此发挥了影响学生思想意识、行为规范与生活方式的作用，提升了大学生的品质修养，达到了潜移默化、育人无声的效果。此外，高校后勤文化建设也在大学文化建设中占有一席之地，尤其是校园的人性化建设，是校园文化的核心，也是社会文明进步的体现。从实用到艺术，从绿化、美化、净化到校园文化，可以行"无言之教"，发挥强烈的暗示性、渗透性和潜移默化的作用。

五、高校后勤服务育人氛围

对于任何一个企业而言，其最直接与顾客接触的层面往往是销售层面；对于高校后勤而言，就是服务层面，也就是我们通常所说的一线服务窗口和岗位，他们和学生的接触比较多，所以他们的言行举止及品德素质都会对学生产生极大的影响。但是后勤的一线员工不管是从学历上还是素质上相对来说都比较低，所以许多高校后勤都非常关注对一线员工的培训和教育，不断提高他们的综合素质。

目前，有些高校后勤通过开展"创建学习型组织，争做知识型职工"的活动，在内部营造良好的学习氛围，并为员工规划职业生涯，使每个员工都有一个明确的发展目标；开展评优评先活动，激发员工争当典型、模范的原动力；加大员工培训力度，通过开展岗前培训、在职进修、素质拓展、外派锻炼、岗位技能比赛活动，在企业内形成"比、学、赶、帮、超"的良好氛围。有些高校后勤部门还成立了职工培训学校，每年制订培训计划，定期开课为员工辅导，课程内容涉及文化知识、企业文化、操作技能、服务技巧等。同时辅之以必要的考试或考核手段，强化员工对所学知识的记忆和应用，使员工的综合素质得到了很大的提高，从而形成了较和谐的育人氛围。

第三节　高校后勤服务育人存在的问题

一、高校后勤服务育人的理念意识淡化

高校后勤的育人功能并未得到足够的重视。很多人都未能意识到高校后勤的服务育人功能，仅仅把后勤当作提供服务的部门；甚至有些后勤工作人员也并未深刻了解自己工作的重要意义；部分大学生由于自身文化素质较高，对于身边的后勤工作人员不够重视，甚至对于后勤工作也不甚关心，并未意识到自己是后勤服务的主要对象，深受后勤服务及工作人员的影响。

当前，很多高校后勤管理者认识到了后勤的重要性，认识到了后勤服务对于学校招生、教学、科研发展的重要性，认识到了"后勤无小事"，认识到了后勤服务关乎学校和社会的稳定等重要问题。高校后勤应想方设法争取资金，从学生角度考虑需求，倾听学生的意见和建议，力争把后勤服务工作做得更好。但大家只看到了后勤服务的重要性，只重视了后勤的服务功能，并没有重视后勤的育人功能。

高校后勤社会化改革以来，由于"服务育人"政策链条脱节，政府和高校领导重视不够，缺少评价激励机制，造成后勤"服务育人"宗旨虚化和意识淡化。现实中，许多后勤人员仅把自己当作一名普通的服务人员，认为工作只是自身谋生的手段而已，也就没有意愿主动参与到育人工作中。高校后勤教育资源得不到开发利用，处于闲置浪费状态。

二、高校后勤服务育人的组织制度不完善

从高校后勤服务育人的制度设计来看，现有的服务育人制度不完善，没有明确定位，没有被纳入校级事业规划，没有建立相应的考核、评价和激励机制。基层员工大多处于自动自发状态，仅仅依靠朴素情感。高校或群体自发形成的服务典型往往局限于某一高校或某一地区，得不到交流推广。现行制度的专业管理没有充分考虑"服务育人"的特殊性。

后勤人员主要对学生的饮食、住宿、运动、休闲及学习环境负责。针对这些内容，后勤部门不缺少管理标准、工作标准、技术标准，缺少的是对后勤育人这一教育根本任务的认识，缺少对高校"三全育人"的认识。

三、高校后勤服务育人的社会化改革问题

目前，全国高校后勤的改革与发展都在经历社会化进程。经过不断的改革和发展，后勤社会化成果初现，后勤部门无论是在机构规模、硬件设施，还是在服务保障水平、员工素质方面都有了比较大的提升，实现了管理和经营服务的规范分离。虽然我国高校后勤在社会化改革进程中的服务和保障能力得到了较大提升，但不可否认的是，后勤社会化改革尚处于起步阶段，大部分高校改革年限还不长。后勤社会化改革真正起步是从国务院《关于进一步加快高等学校后勤社会化改革的意见》的通知开始的，全国各地的模式各异，没有一个统一的规范或标准，对于下一步改革的走向也都没有明确。这种状况导致了大部分高校后勤改革和发展并不成熟和完善。

后勤运行机制和管理模式还需进一步探索和优化，后勤的甲方（总务处）和后勤的乙方（后勤服务集团）分工不同。总务处负责代表学校进行后勤工作的宏观指导、监督和管理；后勤服务集团按企业化模式运作，负责具体的后勤服务运行。但目前双方的职能都还有部分不明晰和重复的地方；而且虽然后勤机构庞大、人员众多，但仍属于"小后勤"，部分后勤职能还未纳入后勤体系。当遇到后勤方面的问题需要解决时，部门之间的协调工作比较复杂，有时还会有推诿的现象，影响后勤工作的有效开展。

社会化改革后，后勤已经不再是原来的学校经费全拨款单位，部分后勤经费由后勤单位自筹。因此，学校对后勤投入相对不足，校领导对后勤的重视和支持也在逐步下降，各种扶持政策和激励措施比较缺乏，使得后勤的发展步伐偏缓。

后勤服务实体的监督考核体系和内部监控制度尚不完善，后勤服务行为得不

到较好的规范和约束，无法发挥育人功能。监督考核和内部监控是企业管理的重要手段，如果后勤企业不进行有效的监督考核和内部监控，就有可能与师生的切身利益产生矛盾。学校制订了一些后勤考核标准和规范，也经常组织后勤服务的评议和检查考核工作，但其实还未完全摆脱传统的计划管理型的后勤模式，行政管理色彩浓重，校内多头管理或管理边界不清问题还比较突出，缺乏一些针对性强的、细化的考核和监控标准及措施，使得后勤服务还无法真正达到育人的要求。

四、高校后勤服务育人的方式陈旧

高校后勤主要为师生衣食住行提供服务保障，育人主要通过提供服务这一单一方式来实现，很少开展相关的文化活动或者育人活动，学生很难融入后勤服务之中。这种单一的育人方式并没有遵循学生成长成才规律和思想政治工作规律，没有充分尊重学生的差异性、主动性和选择性。这种单一的育人方式无法引起学生思想上的共鸣，无法让学生感受到关爱，其结果就是引起学生的反对和排斥，不但不能起到育人的功效，反而让学生更加厌倦，后勤育人功能不能得到充分发挥。

高校后勤服务育人虽取得了一些成绩，但育人路径仍不完善。育人路径没有根据学生需求变化和社会发展及时做出相应的调整，缺乏精神层面的渗透。在新媒体发达的今天，高校后勤的服务育人路径没有真正地与新媒体手段紧密结合，没有充分利用新媒体的优势推动后勤育人工作。当前，随着经济的发展、社会的进步，高校学生物质层面的需求已不存在很大问题，学生更多地追求精神层面的享受，更需要学校给予他们精神层面的支持。然而，我国高校后勤服务育人缺乏精神层面的路径，缺乏学生精神需求导向的育人路径，学生参与度不高，导致后勤育人功能没有得到真正发挥。

五、高校后勤服务育人的载体功能单一

高校后勤部门为教学、科研和师生生活服务，是高校中人员较多的一个部门。后勤员工与大学生接触范围最广泛、时间最长久、交流最方便，在朝夕相处、耳濡目染中，大学生的情感体验、审美情趣、思想道德、行为规范及实践能力逐渐养成。从实际结果来看，后勤服务育人载体数量仍然较少，对现有载体开发仍然处于较低水平，"见物不见人"的思维定式普遍存在；在职业培训、典型示范、榜样引领方面，"只见树木，未见森林"；在服务育人平台建设、氛围营造、文化建设方面有待加强和改进。

随着信息化、大数据、互联网、物联网等技术在高校智慧校园建设上的迅速应用，高校后勤开发新型载体的主动性较强，但在具体行动的执行点上仍然存在一定盲点。

六、高校后勤服务育人的效果提升问题

目前，鼓励和推进高校开展服务育人工作的政策措施不健全，导致服务育人最终的效果与预期效果存在着较大的差距。虽然相关政策都在大力倡导将表达权、自主权和管理权等放权给学生，促使学生真正地参与和融入后勤，但实际情况表明，高校学生的参与情况并不乐观。这是因为学生权力的范围、管理的程度、参与的途径方法没有很明确的界定，学生实际上还是按教师的指示来开展活动。高校学生参与校园文化活动的积极性不高，力度一般且后劲不足，这在一定程度上也影响了服务育人效果的提升程度与速度。

长期以来，高校一直存在着资源不足与利用率低的问题，后勤服务育人资源的来源广泛，但是资源挖掘强度、队伍培养力度和资源整合力度不够，后勤工作人员队伍的综合素质还需要继续提高。现如今，高校后勤服务育人资源的概念是模糊不清的，单纯地将后勤提供的所有服务划分到服务育人资源当中，简单地将所有服务人员都归类到传道、授业、解惑的教师队伍中。

七、高校后勤服务育人的队伍素质欠佳

高校后勤服务对于人员的要求实际很高，不仅要求员工的服务水平高，也要求人员素质高。后勤本身对于员工的技能有一定要求，而且高校这个特殊的场所对于员工自身的素质提出了一定要求。而后勤社会化改革后高校把后勤工作承包出去，承包商在追求利益、降低成本的同时难免会雇用一些临时工和廉价劳动力，他们的一些言行过于随意化，难免会与高校不符。后勤人员的流动性也比较大，员工的个人素质及职业道德很难在短期内断定。这些问题都会对后勤服务育人功能产生极大的冲击。

从目前许多高校的实际情况来看，为了降低经济成本，高校普遍存在后勤员工队伍人数偏少、年龄老化、学历较低、知识结构不合理等问题。管理人员大多年龄偏大、学历偏低、能力偏弱，对自身服务意识、育人职责的认知模糊或有所偏差，育人自觉性和使命感不强，管理、服务和育人工作呈现分裂状态，缺少有机融合。当前，后勤许多岗位人员配备数量减少，工作任务量加大，与学生之间

代沟加深，缺乏彼此之间共同的沟通基础。这样的队伍出现在育人的前沿阵地，只能按规守时地完成最基本的服务，无法树立起育人的威信，自然不能引起大学生对"服务育人"的重视。年龄大、学历低使得后勤人员在接受新事物、新观点时比较缓慢，难以跟上时代发展的步伐，即使具有良好的愿望也会拘于自身的知识水平和能力条件，心有余而力不足。这也成为制约高校后勤全面发挥服务育人功能的主要因素。

第四节　高校后勤服务育人存在问题的原因

一、公益性与营利性存在矛盾

高校后勤社会化改革不断深化，而社会化改革也就是人、财、物全部由高校后勤自己负责、自己承担。这种经营模式虽然激发了后勤工作的积极性，但是也放大了后勤的营利性，高校服务育人公益性和营利性之间的矛盾也日益突显。服务育人的机构不再是传统的纯行政机构，也不再是高校单方面主导的管控系统。于是，就存在行政化与市场化、公益性与营利性的矛盾阻碍服务育人功能发挥的现象。

高校具有公益性，要求高校一切工作应当以学生为中心。一方面，后勤工作人员作为高校的一员，要做到想学生之所想，急学生之所急。后勤仍然肩负着高校育人的重要职能，具有高校的公益属性，应当为学生服务。另一方面，高校社会化改革的推进又使得后勤要面向市场，有偿服务，具备企业的牟利性。服务育人工作的市场化则体现为后勤提供的服务产品属性在经济利益驱使下由传统的公共物品属性逐渐发生转变，但是仍然限制在高校的范围之内，并不能够转化为私人物品。这就导致一些高校后勤在社会化改革的过程中注重效益和经济，而不重公益和育人。一些后勤工作者将这一工作视为一种谋生的手段，将劳动报酬的高低视为衡量工作性质的唯一标准。这就使得后勤工作人员难以在后勤工作中投入自己的全部热情和心血，使品德育人功能难以发挥到位。

在高校后勤社会化改革中，我们要时刻谨记高校后勤的属性是育人而不是追求商业利益。在后勤社会化改革中，由于引入竞争机制，"以营利为目的"和"以公益性为目的"两种价值观发生着激烈的碰撞。

二、管理机制未能与时俱进

高校后勤服务育人是一场"自上而下"的改革，后勤工作人员受传统观念的影响，对后勤服务育人的重要性缺乏认知，对于后勤工作实施方案往往疲于应对，缺乏主动性和动力。后勤工作人员对于后勤服务育人的相关培训心存懈怠，对于后勤服务育人的工作无心应对，直接导致了后勤服务育人功能发挥不到位。

管理机制未能与时俱进也体现在以下几个方面：第一，对当代学生的需求和特点不够了解。后勤工作人员不知道学生需要什么样的服务，后勤制度的制订者也不够了解学生的培养目标和方向。第二，对后勤工作人员的要求不高。对于后勤工作人员的培训内容仍然较为单一，培训结构已经难以适应当今时代的发展需求，因此，尽快制订与学生成长发展需求相适应的高校后勤管理机制对于高校后勤服务育人功能的提升有着重要的意义。

三、高校社会化改革的影响

高校后勤社会化改革给育人工作带来的挑战。其一，后勤服务宗旨、育人意识淡化。高校后勤慢慢脱离高校主体后，从一个教育部门变成了社会企业，育人从职能本位责任变成了社会责任；服务人员从一个不以营利为目标的教育事业单位人员变成了社会企业员工，自身的社会地位发生了变化，自我价值认知产生了落差，这都从客观上增加了育人意识淡化发生的可能性。高校后勤社会化改革试图改变传统后勤无偿服务的状态，发挥市场在资源配置中的作用，使后勤实体既适应高校的教育规律，又适应市场的经济规律。高校后勤社会化改革发展至今，社会效益与经济效益关系的失衡成为当前改革道路上一个普遍存在的问题，较多地偏向注重经济效益，厚此薄彼，最终导致育人职能偏失，教育属性弱化。其二，后勤服务育人的主体力量发生重大变化。后勤的社会化改革最根本的是人的社会化改革。

高校后勤社会化改革给育人工作发展带来的机遇。其一，开放校园市场，提高了后勤的服务能力，带来了丰富的服务产品，为育人效能的提升，夯实了物质基础。高校后勤具有"二重性"，既具有服务保障功能，又具有育人功能，经济基础决定上层建筑，优质的后勤服务、高质量保障能力是发挥其育人功能的基石。优质的服务环境和丰富的服务产品也极大地改善了学生在校的学习生活环境，这对大学生的言谈举止、思想建设均能起到润物细无声的效果。这些都是社会化改革带来的发展福利，既提升了高校后勤服务的保障能力，又强化了后勤服务的育人效能。其二，社会优秀企业参与竞争，拓宽了育人渠道，丰富了高校后勤服务育人的内涵。不少在校的社会服务企业为了占领校园服务市场份额、增强竞争力，会花费更大的努力钻研服务育人，从而打造出其特有的文化品牌。

四、高校后勤机构经费制约

随着高校师资队伍结构的优化和大量高端人才的引进，以及广大师生对生活质量、工作条件、学习环境的要求不断提高，使高校后勤的发展面临巨大的挑战和压力，其中资金不足是制约高校后勤发展的重要因素之一。高等学校后勤工作作为一项基础性和保障性的工作，是高等教育事业不可缺少的组成部分。高校后勤涉及食堂、宿舍、图书馆等学校生活的方方面面，后勤所涉及的基础设施很多是学校建校以来一直留存至今的。如果要跟上现代化的步伐，对此类基础设施和建筑进行彻底的改善，所需要的资金是异常庞大的，而资金不足这一短板又不是一朝一夕可以改善的，这也是高校后勤服务育人面临的重要问题之一。

五、高校后勤服务育人功能认识不足

从目前高校的实际情况来看，后勤服务育人功能还未得到学校领导和师生的足够重视，后勤服务育人工作正逐步呈现边缘化。后勤社会化改革后，高校师生已经逐步了解并适应改革带来的成果，但是传统的后勤服务育人的功能渐渐淡出人们的思维，很多甚至认为新时期的高校后勤已不需要进行服务育人，认为"我付钱，你服务好就行"，后勤服务意识和育人意识完全割裂开了。

后勤服务是后勤机构赖以生存的根基。对于如何提高后勤服务水平，相关研究机构或学者无不在进行相关的学术和实践探索；但对于高校后勤的育人功能的认识，无论从来理论上还是实践上，相关的研究工作都显得非常欠缺。服务育人意识的缺失主要表现在以下几个方面：首先，很多后勤员工本身就不认可后勤的育人功能；其次，后勤员工对于在工作中如何发挥后勤的服务育人功能也不甚了解；再次，后勤员工在日常工作中没有做好以身作则的示范效应；最后，学生对于后勤的了解也仅限于服务和保障方面，未意识到后勤也有育人功能。高校后勤育人意识缺失的主要是因为服务是后勤的基本职能，便于量化和考核，一般能得到大家的重视；而育人功能是一种隐性的职能，不便于考核和量化，也导致了其未受到重视。可以说，后勤服务育人意识的缺失不仅是后勤部门自身意识所限，同时也受到了高校后勤所处环境的影响。

六、尚未建立完善的劳动教育机制

劳动教育缺乏有效的方式方法。比如，大连理工大学食堂里悬挂有"后勤劳动课堂""饭桌是最好的课桌"等相关标语。可见，后勤机构注重发挥劳动教育的功能。但是劳动教育的方式较为单一、效果也不显著，所以亟须拓展劳动教育的方式方法。

①劳动教育尚未建立完善的制度体系。劳动教育功能的发挥最终流于形式，很大程度上是因为高校尚未建立健全奖惩机制，没有充分调动员工落实劳动教育的积极性。因此，完善的奖惩机制能够促使高校后勤劳动教育得到更好的落实。

②劳动教育缺乏适当的载体。缺乏劳动学分设置，在思想政治工作中仍然以思想政治理论课程的教学为主，忽视其他形式的教学方式。高校为搭建劳动实践平台所投入的资源依然较少，学生在校内缺乏劳动实践的基地，在校外的劳动又缺乏相应的安全保障，这些都直接阻碍了高校劳动教育平台的搭建。高校劳动教育体系的不健全直接导致了高校后勤劳动教育功能难以发挥到位。

七、高校后勤服务育人实际操作的条件较差

从目前高校后勤服务育人的实际操作层面来看，后勤服务育人在实践中存在很多问题，缺乏条件和措施。后勤服务育人是一项潜在而长期的工作，学校没有专门的管理规范或制度对后勤服务单位的服务育人工作实施状况进行考核，对于服务育人效果的好坏更没有任何的激励或处罚措施，后勤服务育人工作的开展基本靠各单位的"觉悟"来进行。更何况，学校有专门进行大学生思政教育的教师和辅导员队伍，后勤服务育人经常在工作中受到忽视。由此，在日常工作中后勤单位往往偏离育人的宗旨转而转向重视其他经济指标等。高校后勤服务育人意识与营利意识的矛盾，实质上是高校后勤的公益性和后勤服务的市场化之间的矛盾。新时期的高校后勤既要保持教育机构的部分职能和角色，又要作为经济体自主经营的现状，增添了后勤社会角色的困惑和迷茫，由此产生了其运行机制和理念上的矛盾。特别在后勤社会化改革初期，原先的后勤机关刚刚分为"甲方"和"乙方"两套机构，后勤经营和运行完全由新成立的后勤服务集团和其他进入学校的社会企业承担。这些后勤实体既然已经脱离了学校，完成了身份置换。为了发展壮大，它们必然首先考虑经济利益，而不是考虑后勤的福利性和公益性，当然也就忽视了育人方面的要求。而新成立的后勤"甲方"更多地考虑如何对这些企业或个人的服务保障能力进行监管，对于后勤企业是否应该服务育人也没有提出明确的要求，更没有提出相关的运行规范或准则。由于后勤服务育人工作的开展本身需要一定的人力成本和财力成本，在实际操作中也会遇到一些困难，逐渐地，后勤服务育人的功能在以上因素的共同作用下被弱化，后勤在学生心目中的形象逐步改变。

八、高校后勤队伍整体素质偏低

高校后勤服务主要由一线的后勤职工完成，他们也是服务育人的实施者。目

前从后勤队伍的整体情况来看，其整体素质离高校后勤服务育人的要求还有一定的差距。后勤职工在服务一线与学生直接接触，其对高校后勤服务育人功能的发挥起着最关键的作用。

随着后勤社会化改革的深入，后勤运行体制逐渐完善，后勤职工整体素质有了一定的提高。但是由于后勤服务的公益性质，加之经营成本不断上升，后勤经营活动一般处于微利状态，后勤职工的收入普遍偏低，后勤企业中高素质、高学历的人才也相对偏少，大部分是临时聘用人员。

高校后勤队伍中高质量人才严重缺乏，就是在后勤部门或企业的各级领导中，高学历、年龄小的人才也不多。此外，由于年龄结构老化，很多员工对新事物、新观点接受能力相对较弱，无法更好地适应新形势下的高校后勤服务工作。所谓育人必先育己，虽然后勤系统花了很大的物力和财力对员工进行培训，如进行入职培训、岗位技能培训、思想政治教育等，但效果都不是很理想。在员工日常思想教育中反复提出的服务对象至上，即在服务中以师生为主的原则，很多老员工始终不能很好地理解和贯彻，有时甚至在工作中与师生发生矛盾和摩擦。因此，后勤员工队伍要想在短时间内提高质量，难度十分之大。

后勤员工的服务对象都是高校中的教师和学生，后勤员工的文化水平和他们根本无法相比。虽然说，文化水平低，其素质未必就低，未必不能对学生进行教育。在社会中，父母是文盲，但培养出高才生的例子比比皆是，但将其放在现实中来看，服务者与被服务者文化水平的差异，对于被服务者受教育的影响程度还是较大的。后勤员工一般都是不善交流的体力劳动者，基本不具备教育人的能力，而让学生从后勤员工的服务行为中主动受到感染、受到教育，也需要一个漫长的过程。当代大学生都是个性特点鲜明的一代，灌输、说教式的教育对他们的教育效果较差。另外，他们对后勤所从事的服务工作的理解都比较片面，对于接受文化知识水平与自己相差甚远的后勤员工的教育，很多学生不会从内心深处真正地认同。

后勤不少员工来自经济条件相对薄弱的地区，他们朴素的情感、认真的工作态度能感染到学生。但是，其从事后勤服务工作只是满足谋生需求的现状决定了其言行的育人效果必然大打折扣。所以，要求每一位后勤员工对学生都能产生"慈父慈母"般的情怀，以真挚的情感、博爱的心理去干好工作，基本上很难实现。从实际成效看，如果工作人员从事后勤工作毫无热情，只是为了生计，服务育人就很难取得好的效果。

第五章 高校后勤服务育人的功能

后勤工作作为高校管理服务工作的重要组成部分，与高校的教育目的具有高度的一致性，这就决定了高校后勤工作不仅要具备服务功能，而且还要具有育人功能。

第一节 高校后勤服务育人功能的定位

一、服务育人的理论基础

（一）人本主义心理学

1. 人本主义心理学的主要内容

人本主义心理学于 20 世纪 50—60 年代起源于美国，是美国心理学的主要流派。该理论的核心是人通过自我实现满足多层次的需要系统。人本主义心理学理论体系由马斯洛创立，以罗杰斯为代表，主要理论包括人本主义心理学自我实现论、人本主义心理学教育观、人本主义心理学人性观。

（1）人本主义心理学自我实现论

自我实现是个人对自己和环境之间相互作用及其关系的知觉和评价。自我实现是个人在发展过程中摆脱外力条件等因素的束缚，力求变成他能变成的样子，追求本真的自我。自我实现论是人本主义心理学的核心内容，它肯定了人的存在和内在价值的实现，强调人性的潜能，重点培养个人潜能方面的自我实现。潜能的自我实现是人的最高动机，是人的潜能发挥的高层次境界。例如，一个科学家必须在实验室搞科学研究，一个画家必须绘画，否则他们都始终无法平静。也就是说自我实现者是更加真实地成了他自己，更加完善地实现了他的潜能，成为更完善的人。

（2）人本主义心理学教育观

罗杰斯提出了教育改革论，即人本主义心理学教育观主要是"以学生为中心"的教学模式。深层的理论价值是教育目标，即"促进学生的发展，使他们成为能够适应变化、知道如何学习的具有内在自由特性的人"。

（3）人本主义心理学人性观

该理论的主要观点是坚持人性本善、天性本善，提倡人的内在本质，即人的独特的本体论存在状态。在人性善恶方面坚持人性本善说。在马斯洛的人性本善理论中，人性是不断发展变化的，人性是善良的，至少表现为中性。对于人性恶方面的解释，即人性恶是因为人的欲望或者是基本生存条件没有得到满足，自我实现过程中出现了偏差或是破坏而引起的连锁反应。人本主义心理学人性观积极肯定了人的存在，人性不仅仅是乐观、积极并且是富有建设性的，即人性是跟随条件变化而改变的。人性中存在实现自我潜能和实现自我需要的趋向。

2. 人本主义心理学对服务育人的启示

（1）有助于明确学生的主体地位

学习或接收信息知识的途径是靠学生本身主观意愿的接受程度，教师、外界条件、环境因素都是辅助教育条件，传统教育观点以教师为主体，相对注重外在教育辅助条件的配置与设计，忽略了学生自身的接受能力，也就是说忽略了学生在接受教育过程中的主体地位。高校后勤服务育人教育工作不同于课堂教学模式，同样具有教育者属性，但是不存在对学生答疑解惑的职责。

（2）有助于自我实现

所谓"自我实现"就是人"对天赋、能力、潜力等的充分开拓和利用"。自我实现论在教育层面分两个方面：

①教育者的自我实现。马斯洛人本主义心理学宣传的是一种心理影响和干预，人本主义思想贯穿于教育工作中，强调人的最高价值的实现。高校后勤服务育人工作以教育者身份对在校大学生进行隐形教育，需要教育者开发潜能，创新教育方式，对整体教育目标和计划设计通盘考虑。

②受教育者的自我实现。马斯洛教育理论是"以学生为主体"的，完整的学习过程是一个学生主体自我实现的过程，是一个学生潜能充分释放的过程，在此过程中外界教育辅助条件也起到至关重要的作用。教育者通过思想干预、情景引导、以身作则等教育手段帮助受教育者逐步实现自我价值。

（3）有助于高校服务教育观

高校后勤以服务为主线，一切工作都在服务中体现。服务教育观是高校后勤服务工作特殊性决定的，即服务教育目标。高校后勤服务育人工作开展需要有目的性、目标性，制订合理的育人方案，需要后勤教育者在工作中发自内心地去执行、去完成保障和育人工作，并且达到预期的教育目标；以培养自我实现或充分发挥作用的人为最终目标，服务教育观要求教育者不仅限于机械地完成本职工作，还要在工作中带有目的性地实现育人效果，这是高校后勤服务育人的基本要求；利用后勤工作多领域、多层面的优势开展理论结合实践的育人活动，将高校后勤服务育人工作落到实处；"以学生为中心"的服务模式，反对教条主义的后勤服务育人体系，主张把学生视为学习的主体，开展以内心接受为中心的服务，发扬服务精神和创新后勤服务领域服务教育观。

（二）思想政治教育理论

1. 思想政治教育环境论

优化思想政治教育环境就是有机整合环境中的各组成要素，使之协同配合，促进育人对象的健康发展。人自身道德品质的发展离不开周边环境的影响，人的生存和发展都是以环境为前提的，人的综合素质的提升和道德品质的形成都会受到周边环境的影响。同时，周边环境的优化是以人的健康发展为目的的。实现思想政治教育环境优化不仅要实现人和周边环境的有机配合，也要实现环境中各要素之间的协同配合，从而实现育人效果的最优化。

2. 主客体能动论

重视和尊重人的主体性已成为现代教育理念的显著特征之一。高校后勤服务育人是一种隐性思想政治教育过程，而隐性思想政治教育对于教育者有着较高的要求，是在教育者有意识而受教育者无意识状态下的思想政治教育过程。教育者应该具有能动性：首先，教育者要提高自身素质，明确教育目的，将育人因素合理地渗透进工作环节中。其次，要对受教育者的身心发展规律有充分的了解。最后，要合理运用隐性思想政治教育载体，促进学生思想道德素质的提升和发展。

受教育者也应当充分发挥能动作用。隐性思想政治教育发生的前提和预设是教育者处于"工作状态"，而受教育者并不知情。当教育者对受教育者进行施教时，受教育者的受教状态能够立即被激活，并与教育者产生互动、发生作用。受教育者在受教过程中，经过思想性的矛盾运动，由对教育者教育行为的感知转化为思想政治教育的感性经验，上升思想政治教育活动的体验，最终将这种体验内化于自身的思想道德认知结构中。

（三）隐性课程理论

1.隐性课程理论的主要内容

（1）隐性课程的教育人类学基础

教育人类学告诉我们，人的主要特点是具有可塑性，这是人可以接受外部文化的内在标准，人属于自然并在自然中生存发展，属于自然和人类文化的领域。自然人在发展过程中吸收现有和原有的文化、道德来改变自身心理以及行为能力。然而自然界的自然人都有自身的特点和文化差异，即使在文化、地理环境相同的情况下，每个人的个性品质都会呈现出独特的风格。人的可塑性是存在上线的，根据个人情况不同，上线的标准也不尽相同，不能简单地理解为单纯的外界影响导致相同的可塑性效果，隐性课程及其他任何外界影响都必须通过人自身的因素和外力条件共同协作起作用，才会收获到预期效果。除了人的可塑性外，教育人类学中关于人的本质的理论、人格形成的理论等都为研究隐性课程提供了理论基础。

（2）隐性课程的教育社会学基础

一个人个性品质的形成、发展过程，也就是人的政治、道德、法律、民族的社会化进程。个人与团队之间的相互协作，在特定的环境因素、社会因素影响下变成了受教育者之间的信息交流、相互交往。这种交往有预先的设计环节并且带有明确的目的性。

2.隐性课程理论对服务育人的启示

（1）关注受教育者可塑性培养

人本主义心理学的主要观点之一是人性为善，人的善恶可以通过外界条件变迁而改变。受教育者可塑性的培养以隐性课程理论为依据，应该从教育环境、教育手段、育人环节设计等方面给予影响，使受教育者在道德素质上形成新的本质上的变化。

（2）关注受教育者品格形成培养

隐性课程对学生的影响在本质上是一种"无声之教"，高校后勤服务育人理念不是强行灌输，而是寓教育于服务环境之中，通过无形的、有形的或精神的、物质的多种环境因素的综合作用，在耳濡目染与潜移默化中熏陶、感染、影响受教育者，能够有效地提升学生的自我意识与修养，塑造灵魂与品格。高校后勤服务育人工作努力营造变化、发展、动态与开放的文化氛围，强化高校后勤隐性课程的育人功能，努力塑造大学生与时代发展相适应的完美品格。

(3) 关注受教育者德育培养

隐性课程的内在因素特性决定了其影响、干预大学生的内心世界。德育是教育的构成要素，德育是中华文化之表征，也是中华文化之凝结。

德育是教育者按照一定社会或阶级的要求，有目的、有计划、系统地对受教育者施加思想、政治、道德影响，通过受教育者积极地认识、体验、身体力行，以形成他们的品德和自我修养能力的教育活动。

在教育过程中，教育者和受教育者都要摆正自己的位置，认清隐性教育的内在价值，结合教育环境特点建立起有利于大学生成长成才的德育引导环境。

二、高校后勤服务育人的相关概念

（一）高校服务育人

服务本意指使他人受益的一种有偿或者无偿的活动。在高校后勤机构中，服务被赋予了教育的内涵，通过服务实现对学生的教育。对于服务育人的概念，学者们大多直接以高校为主体进行概念的界定和分析，以其他机构作为服务育人主体的论述较少。服务育人单独从字面上的意思来理解，可以解读为通过服务以达到育人的目的，即将服务作为育人的一种方式和载体。凭借服务的给予性和奉献性打动教育对象，赢得教育对象的认可，进而对教育对象造成思想上的影响和行为上的规范。因此，服务育人的概念为通过相关工作人员提供的服务，潜移默化地影响教育对象的世界观、人生观和价值观。

高校服务育人具有广义和狭义之分。广义上的高校服务育人涵盖广泛，学界对于所涵盖的服务环节并没有统一的说法。例如，王胜本等人认为"服务的主体不再局限于高校后勤，而是由高校后勤、服务企业、高校学生及学生组织共同组成，服务本身被细化为服务活动、服务环境、服务行为、服务文化等多个维度"。舒建华、王香认为"从广义上理解，服务育人就是任课教师、管理干部和后勤工作人员都承担着育人的责任，都有管理的职能，都有服务的义务"。周萍认为"服务育人并不只是高校后勤的功能，而是整个高校的功能"。

可见，广义上的高校服务育人就是包括任课教师、管理干部、行政工作人员以及后勤工作人员等身处于高校中的一切人员在教育学生、管理学生、处理学生事务、为学生提供服务的过程中，将育人因素渗透其中，从而对学生产生潜移默化影响的一种育人方式。狭义上的高校服务育人就是高校后勤服务育人。

（二）高校后勤服务育人

1. 高校后勤服务育人的主体

后勤是与前勤相对的概念。在企业中，前勤就是"生产"的意思，后勤就是为生产"服务"。在高校中，前勤也就是直接对学生进行教育，通过传统意义上的书本教学来对学生进行教育实现教书育人，而后勤就是为高校的教书育人"服务"的地方，是指后方对前方的一切供应工作，也就是教书育人的"大后方"。高校后勤机构涵盖公寓、食堂、图书馆、校医院、浴室、校车等高校生活服务体系的部门。

高校后勤服务育人在后勤机构的不同部门体现有所不同。徐军平认为"服务育人就是图书馆工作人员在日常工作中以育人为宗旨，以服务为手段，通过营造良好的学习、生活环境，培养学生良好的身心品质和行为习惯"。王晓瑞、耿世龙等人认为"高校学生公寓管理服务育人也要加强创新，要深化服务育人改革，树立'以人为本'的个性化教育观念"。王丽晓、张晓雨等人阐述了餐饮服务育人这一概念，他们认为"餐饮服务育人是指高校餐饮服务部门通过开展服务工作，对大学生的思想观念、行为习惯、身心健康产生一定积极影响的过程"。

2. 高校后勤服务育人的对象

高校后勤服务育人的对象主要是在校大学生。首先，大学生正处于思想观念形成的关键时期，对于事物是非曲直的判定不够清晰，易被错误观念影响甚至误入歧途。其次，大学生活更加自由，很多学生的自我意识随之增强，更加关注自身的发展而忽视公共利益和集体利益。长此以往，这种意识必定会阻碍学生的进一步发展。加之互联网盛行，良莠不齐的思想冲击着大学生的头脑。这些新问题意味着思想政治教育已经不能仅仅依靠思想政治理论课这一主线，而应拓宽思想政治教育渠道。

高校后勤服务育人应时而新，有其育人优势。首先，高校后勤服务育人有别于理论知识的灌输形式，服务是一种主动付出而并非索取，这就使得服务育人更易被接受。其次，将育人因素渗透进服务中，是以一种"润物细无声"的方式，并不需要学生主观上的努力，这也是高校后勤服务育人的优势之一。再次，高校后勤服务育人涵盖广泛，能够为学生提供多元化的实践平台。在这一层面，高校后勤服务育人又是思想政治理论课的重要补充。最后，高校后勤服务育人契合大学生的培养目标，是培养德、智、体、美、劳全面发展的人的重要途径。

3. 高校后勤服务育人的内涵

关于"服务",马克思曾解释道:"服务是指这种劳动所提供的特殊使用价值,就像其他一切商品也提供自己的特殊使用价值一样。"按照马克思的观点,服务是一种商品,本身不具有育人功能,但是由于高校后勤服务主体与被服务对象的特殊性及其两者间特殊的教育关系,服务被赋予了教育内涵。服务是后勤主要的活动形式,服务育人是后勤育人最直接的表现形式和最形象的概括。

高校后勤肩负着"服务育人"这一义不容辞的重任,但又不同于一般的教育部门,出售服务并促成服务使用价值的实现是其得以生存发展的根本,这也是促成育人功能实现的基础活动。所谓服务育人,便是以此为桥梁,进而通过以身作则、美化环境、规范制度、严格管理、热情关爱及实践锻炼等多种服务活动,让大学生在日常的校园生活中接受预设、潜隐的思想政治教育。

在以社会意识指导及引领服务育人的实践活动中,后勤服务被赋予了思想政治教育的内涵,被渗透了思想政治教育的基本要求。正确理解服务育人内涵的精神实质,是加深对育人实践认识和理论研究的基础。在思想政治教育视域下,服务是教育者作用于受教育者的活动载体,依靠服务活动架设的教育者和受教育间的双向互动交流是受教育者感知教育影响并形成思想认识的主要来源。高校后勤服务存在于学生日常生活的各个方面,是高校教育从课堂到生活延伸的重要路径。后勤服务育人也越来越得到重视。

三、高校后勤服务育人的发展方向

后勤在我国高教事业中的中心工作是服务保障和管理,其最终的目的还是育人,立德树人是其最高的价值追求。高校后勤特殊的教育地位和育人职能决定了它在高校育人体系中的功能定位:课堂仍是高校育人的主渠道,然而后勤活跃在学生日常生活的各个方面,是高校思想政治教育在日常生活、社会范围内教育活动的参与者,是课堂育人的延伸。

后勤服务育人功能主要有两方面的内容:一方面,协同价值引导,用课堂教育的主流价值思想和社会意识指导服务及管理实践,培育和渲染安定和谐的校园环境,引导学生在日常生活中规范行为;另一方面,协助实践感知,引导学生参与生活劳动实践,协助学生将从课堂、生活中获得的感性认识通过实践形成理性经验,促成课堂育人功能的实现。后勤的服务育人功能定位契合了思想政治教育的一般规律,是课堂育人的有效补充。

现如今，高等教育育人观念改变，高等教育对高校思想政治教育工作提出了与时俱进的新要求，然而"服务育人"无论是组织形式还是功能内容，均突破了高校思想政治教育在课堂上说教的局限性，迎合了新时代背景下对高校思想政治教育质量提升的发展方向。

（一）服务育人顺应高校思想政治教育社会化发展方向

在 20 世纪 90 年代，社会化的概念便引入了思想政治教育领域，且研究集中在高校思政工作领域。所谓思想政治社会化，就是通过利用社会诸要素的协同配合、关联互动、有机连接等社会化的实践方式，实现思想政治教育与社会系统融入的现实过程。思想政治教育源于社会、服务社会，在统一社会意志、引领社会思潮、保障社会主义各项事业稳定发展方面功不可没。高校更是始终以培养社会主义接班人为目标，推进各项教育事业的开展。

高校育人离不开一定的社会环境。社会环境是高校育人赖以生存和发展的客观外部条件，把育人工作与社会环境相结合是使高校育人取得实效性的重要原则。现如今，我国正处于社会变革的重要时期，社会化环境更加复杂，社会利益主体多元、价值取向多样，市场经济的大发展也使得科学技术日新月异，人们接触、处理各种各样的信息变得更加便捷，生活、交往方式也都发生了很大的转变。现在的大学生富有个性、极具批判意识且尚不具备明辨是非的能力，很容易受到社会不良思想的影响。然而，他们终究还是要进入社会、融入社会、服务社会的。在此形势下，高校思想政治教育一方面要引领学生认识大势，另一方面要适应社会，积极融入社会，整合社会多方力量来提高教育实效。

随着高校后勤各项改革的稳步推进，从根本上改变了以往那种学校办后勤的封闭式服务体系，也使大学生的衣、食、住、行等更好地与社会相关联，扩大了学生接触社会、了解社会的现实空间，这为大学生思想政治教育工作与社会现实相结合提供了契机。

高校后勤通过市场化运行的运营机制成功引入了许多社会优秀企业参与后勤服务，许多优秀的社会人员也迈进了高校的大门，成了与高校学生关系最紧密的朋友、教师，他们以丰富的社会经验、优秀的工作态度时刻影响着身边的学生。

当下的高校后勤俨然成了融合社会与高校的教育资源的一个育人平台，拉近了学生与社会的距离，实现了思想政治教育主体、教育环境的社会化。在这样一种开放的教育环境下，开展服务育人工作便于引导学生参与到社会实践中去，有助于培养学生完整、健全的社会人格。

(二）服务育人顺应高校思想政治教育生活化发展方向

早在2016年全国思政工作会议上，习近平总书记强调应该在教育教学的所有环节中都切实开展思想政治工作，实现全方位、全过程、全员育人。"三全育人"理念为高校思想政治教育生活化实践提供给了理论指引。后来在2019年全国教育工作会议上，教育部部长陈宝生提出"让'立德树人'回归生活"，使高校学生的思想政治教育与其日常生活相联系，进一步加深了理论层面对思想政治教育生活化的理解和认识。

高校后勤服务育人活动将思想政治教育从课堂延伸到日常生活，尽管当前高校开展思想政治教育工作仍旧以课堂为主要的阵地，但是后勤服务中的育人实践仍具有课堂教育不可替代性的特性。马克思主张，"任何理念与思想的生成，在初期都是和人们的现实生活、物质交往、常规活动、语言应用等彼此融合与交织的"。高校后勤服务育人在存在形式上寓教于与高校学子生活密切关联的后勤服务，由此使得思想政治教育能够很好地与生活相融，具体表现为下列几个方面：

第一，高校后勤从远大的育人目标出发，从日常小事着手，使得高校思想政治教育工作的开展体现出鲜明的生活性。

第二，后勤服务的目标主体是学生，旨在解决好学生生活的各种问题，为学生提供舒适的学习生活环境。后勤服务育人，在解决学生校园生活问题的同时开展思想政治教育，贴近学生生活，在教育上有明确的问题导向，富有针对性。

第三，学生在学校生活中接触最多的就是后勤人员，因而后勤人员在服务实践中能够和学生形成更加亲密友好、彼此尊重的双向关系，可以更好地向学生传递思想政治教育相关的理念和信息，让学生在获得相应服务的同时，也能对思想政治教育的内涵与内容进行深刻感悟与理解。这种从日常生活入手开展教育的形式，既贴近后勤工作实际，又便于实现育人目的，应是高校后勤育人主要的实践方向。

第二节 高校后勤服务育人功能的内容

一、产品育人功能

产品育人指高校后勤打造后勤服务产品，将大学生的思想政治教育预设于服务产品之中，通过大学生对服务产品的消费，实现育人功能。与劳动服务相应的劳动产品根据生产和消费可分离的程度，可区分为可分离的商品形式和不可分离的活动形式。高校后勤服务产品也分两种类型：一种是可分离的产品形式，诸如学生宿舍的家具用品、学生食堂提供的饭菜、学校的各种场馆设施、校园里花草树木等这种实实在在的物质产品，可以保证学生的基本生活需要；另一种是不可分离的活动形式，如学生公寓的物业管理、校园绿化卫生管理、校园安全管理、医疗服务、场馆服务等校园服务活动，这种服务产品既能够解决学生的现实问题，又能满足学生的各种精神需求。

二、品德育人功能

后勤服务人员要端正服务态度，做好品德育人。大学生正处于价值观形成的关键时期，把握这一价值取向形成的关键期，对于高校学生的成长成才、国家的发展都具有重要作用。而单纯依靠灌输传统书本知识，难以让学生得到感官上的深刻体验。因此，发挥后勤服务育人作用，通过日常的间接感受和亲身体验来引导价值观的树立就显得尤为重要。后勤工作者既是学生生活上的导师，同时道德上的引路人，他们被称为"不上讲台的教师"。他们在日常生活中体现出的亲和力和感召力能够让学生产生较强的归属感，从而温暖学生，潜移默化地提升学生的道德素质。高校后勤服务育人其实就是一种情感教育。端正态度有利于对学生"情感态度"的教育。学生往往容易在食堂、礼堂、宿舍这些"非正式"场合流露出真实思想，由于这些场合的"非正式"性和生活性，让学生们很容易放下戒备，一些学生最容易在这时表现出自己的真实品行。

此时，后勤工作人员如果以服务者和教育者的双重身份对学生进行教育，会出现意想不到的收获。情感教育并不是通过某一节课、某一个会议就能够做到的，而是一个漫长而复杂的过程，所以要更加注重日常生活中的细节教育。后勤工作人员要通过大方整洁的着装，热情、周到、文明、礼貌的言行来彰显自己的良好态度，通过善意、鼓励等为学生注入真情，用真情感化学生，提升学生的精神境界，促使学生树立正确的价值取向。

三、行为育人功能

行为育人指高校后勤服务人员的形象气质、精神风貌、文化素质、服务水平等对大学生产生影响。高校后勤服务人员活动在大学生校园生活的方方面面，如维护学校治安的保安、食堂提供饭菜的厨师、学生宿舍的管理员、教学设备的维护员等，他们穿梭于大学生之中，与大学生密切接触最多。他们的一言一行、工作态度、行为习惯，甚至穿着打扮都会对大学生产生影响。

四、管理规范功能

运用高校后勤服务育人的制度载体，充分发挥管理规范功能。服务工作者作为"不上讲台的教师"，不仅是服务者，而且是"管理者"，要在学生的日常生活中起到服务和监督的双重作用。学校从事后勤服务工作的人员就是学生的"生活老师"，他们以身作则，在为学生树立好榜样的同时也要通过设立规章制度、张贴宣传标语等发挥好自己作为生活教师的职能。高校后勤都有着明确的制度规范和管理方法，后勤工作人员要严格遵守规章制度，以身作则，并且要在规章制度规定的范围内进行管理，以此促使学生约束自身行为，形成规则意识。

第一，高校后勤工作人员需要遵守制度，以身作则。高校后勤服务育人工作涉及学生公寓、学生食堂及图书馆等场所，规章制度种类繁多。一是各岗位工作人员的岗位职责。二是各项工作有序开展的诸多约定，即管理制度。三是具体的工作流程，即操作规范。四是对各项工作的监督考评，即考评制度。高校后勤工作人员要严格落实各项规章制度，为学生呈现专业化的一面。

第二，后勤工作人员应该发挥好管理者的作用，要做到灵活应对特殊情况。后勤工作人员不仅是服务者和管理者，更是教育者，在运用规章制度对学生进行管理时，要有灵活应对特殊情况的能力，给予学生一定程度的包容和谅解，对于违反规章制度的学生杜绝"一刀切"，要采用恰当的方式方法进行教育，促使学生主动改正。

第三，高校后勤工作人员自身的行为也是一种"会说话"的规范。他们勤劳的作风、娴熟的技能都会对学生产生积极的影响。以高校后勤食堂为例，食堂工作人员勤于打扫卫生、维护食堂环境等细节，也会让学生树立勤劳朴实的生活作风。后勤工作人员的每一个细节于学生而言都是最生动的课堂，要通过高校工作人员以身作则、以行示范，来督促学生在人生的重要阶段夯实根基。

五、环境熏陶功能

优美的校园环境可以愉悦师生身心，使学生的心理压力得到释放，形成积极健康的心理态度，进而对自己的行为做出理性的选择。大学校园环境为师生校园活动提供了审美空间，也为师生创造了一种审美氛围。苏霍姆林斯基说过"对周围世界的美感能陶冶学生的情操，使他们变得高尚文雅"，著名美学家宗白华认为"心的陶冶、心的修养和锻炼是为美的发现和体验做准备的"。大学校园环境对学生审美能力的影响是巨大的，也是书本给不了学生的。优美的环境会让学生在无声无息中接受教育并受益终身，校园内的环境主要由后勤部门负责建设和保持，后勤服务承担着用环境教育人的职责。

改革后的高校后勤更注重绿化设计的整体性和艺术感。校园建筑的设计和分布、绿化带的设计、花团锦簇的花园、绿树成荫的小路、典雅别致的凉亭，这些独特的校园风景都会对学生的身心以及审美产生深刻的影响。在绿树环绕的校园中学习一定会比在一片荒凉的环境中学习效果更好。优美的环境可以缓解人紧张烦躁的心情，富有艺术感的建筑能给人带来美的体验，减少建筑本身冰冷的感觉。

改革后的高校后勤更注重对于校园环境的维护和设施的维修，让校园随时干净整洁。干净整洁的校园环境不仅可以让学生专心致志地学习，还可以帮助学生养成爱干净的习惯。

六、劳动教育功能

各高校应充分利用后勤劳动资源和实践资源，发挥好劳动教育功能。习近平总书记在全国教育大会上强调，要把劳动教育纳入社会主义建设者和接班人的培养要求之中。加强新时代劳动教育，是培养担当民族复兴大任的时代新人的必要途径。

因此，做好劳动教育、提升劳动技能，有着重要的现实意义。高校后勤部门有着丰富的劳动资源和便利的劳动条件。后勤部门涵盖领域多、覆盖范围广，与学生的生活贴近，大部分劳动在学生的能力范围之内。利用高校的现有资源对学生进行生活教育，有利于学生增长生活阅历、提高自立能力，能够吸引学生融入高校后勤队伍，提升艰苦奋斗意识和勤俭节约的行为习惯，为学生提供后勤劳动平台，有利于增强学生的团结协作能力，督促学生养成积极的劳动态度，强健身心体魄，在劳动中发掘自身潜能。多元的劳动体验也会增加工作者与大学生的情感共鸣，缩小大学生与工作人员之间的距离。新时代是劳动者的时代，是奋斗者的时代。当前，我国正处于发展关键期，亟须建立完备的劳动教育体系，亟须无数人推动社会发展，早日实现中华民族伟大复兴。

七、实践育人功能

实践育人指高校后勤提供一些后勤服务与管理岗位，让学生参与到后勤劳务、管理等社会实践岗位，亲身体验后勤服务人员的日常工作，锻炼学生的动手能力和解决问题的能力，增强学生的劳动观念，实现育人目的。高校后勤实践育人让大学生参与后勤、体验后勤、理解后勤、支持后勤，置身于后勤服务之中，亲身感受后勤的艰辛，同时锻炼了学生的动手能力和实践能力。这样在一定程度上避免了"纸上谈兵"，有利于学生理论联系实际，有助于培养学生的思维能力和社会实践能力。

八、精神文化育人功能

所谓精神文化指属于精神、思想、观念范畴的文化，代表一定民族的特点，反映其思维方式、价值取向、伦理观念、心理状态、理想人格、审美情趣等精神成果的总和。

精神文化的力量是不容小觑的。后勤员工以其饱满的精神状态影响着每一位接受服务的学生。后勤部门有着其自身的价值观念和服务宗旨，这些内在的精神信念在指引着后勤员工的同时也感染、熏陶着周围的学生。

后勤可以说是一个特殊的部门，尤其是社会化改革后的后勤。后勤工作承包出去，这让后勤员工中加入了社会人员，他们的年龄不一、学历不同、来自不同的地方、人生经历也完全不同。这些后勤人员的不同特点对于学生来说就是宝贵的财富。学生有着丰富的文化知识，但是他们缺乏迈出校园的经历。后勤人员带着各自不同人生经历创造的后勤文化对于学生来说就是体验不同人生的大氛围，是不可多得的人生财富。

后勤工作者的敬业精神和吃苦耐劳精神也是大学生学习的榜样，作为一直在校园读书和在家人眼中的"小公主""小少爷"，当代大学生可以说没有经历过太多的挫折与困难。通过对于后勤工作人员的观察和聊天，可以让他们学习到敬业精神，也可以了解生活中的艰辛，为以后参加工作做好准备。高校后勤工作人员虽然没有很高的学历，但是他们身上拥有诸多质朴的精神，这些同样需要学生去学习。他们吃苦耐劳、关爱学生、默默付出的精神，他们坚强、乐观的精神都是大学生必须要学习的，这些又是在课堂上很难学习到的。

第三节　高校后勤服务育人功能的特点

一、复杂性

后勤工作是一项复杂、涉及面十分广泛的工作，这就决定了后勤服务工作的育人角度是多方面的、是广泛的。后勤工作的复杂性可以从以下几方面阐述。

第五章　高校后勤服务育人的功能

（一）后勤工作的政策性比较强

后勤在开展各类服务工作的时候，必须遵守各项要求，不得凌驾于相关方针政策、法律法规之上。这是开展后勤服务工作的基础原则。如招投标法、合同法、人事用工及工资发放等相关规定，后勤部门都必须得遵守，不得随意而行。这也是后勤服务工作复杂性的第一个方面。

（二）后勤的工作量较大、较费体力、较为繁重

在服务队伍的建设方面，需挑选吃苦耐劳、有奉献精神、廉洁自律的人；做好人员思想、态度、业务技能的管理工作，完善技术水平，提高生产率，增强凝聚力，这些都是提升后勤工作效果的关键所在。如在学生宿舍的管理方面，需要设置管理人员并安置其工作场所，明确岗位职责，并监督其工作情况的好坏。又如，在食堂经营管理方面，要注意饭菜的价格、饭菜的质量、饭菜的花色品种、食品的安全卫生、服务人员的服务态度等问题。所以说，后勤工作是一项学科涉猎广、影响因素多、性质复杂的工种。

（三）后勤工作需要处理各方的利益关系

后勤工作涉及衣食住行等多方面，安排工作、分配任务时，要与员工打交道，需考虑其工作量的大小，个人能力的高低及心里能否欣然接受安排等因素；在给学生提供吃、住的时候，需要同学生打交道，需要考虑其需求愿望、需求范围、满意程度等因素；在设备采买、部件维修更换的时候，需要通盘考虑财政状况；在涉外沟通交流方面，食堂的日常经营与管理需要与食品药品监督管理局打交道、物业的供水及污水排放等工作，分别需要与供水公司和污水排放监管部门及环境保护部门沟通联系等。总之，后勤服务工作涉及人、财、物、时间和空间的关系，处理好上述关系，需要综合考虑问题，做好内外关系的协调与衔接。

归根结底，高校后勤开展的所有工作都与教学科研工作及在校师生有关，都是为其服务的。后勤服务工作范围的广泛性，意味着在提供服务的过程中，有更多的机会、更多的领域对学生的思想、行为产生影响。所以说，后勤服务工作的育人范围具有复杂性和广泛性。

二、间接性

高校后勤服务育人是一种间接性的育人方式，是一种润物细无声的教育，能够育人于无形。高校后勤服务育人的间接性表现为高校后勤机构有必要通过相关

的要素育人，包括服务态度要素、后勤制度要素、生活环境要素及劳动资源要素。

服务育人的主体将育人渗透于相关要素之中，以达到教育学生的目的。高校后勤服务育人功能的间接性也体现为要素的多元性，育人要素众多还有待深入挖掘。后勤服务育人必须借助于一定的载体，单纯依靠后勤主体部门是无法完成的。

高校后勤服务育人的间接性对高校后勤工作人员提出了较高的要求。高校后勤工作人员作为育人主体，要在学生没有意识到自己正在接受教育的情况下做好育人工作。这要求高校后勤工作人员在服务育人过程中要注重启发引导，在进行育人工作的同时要能够激发学生的受教育意识。

三、持久性

高校几乎全部属于寄宿制学校，学生在校期间的学习、研究、住宿、饮食、洗浴、购物等活动都离不开后勤的支持，可以说每位学生无时无刻不在接受着后勤的服务。高校后勤管理和服务是一项常抓不懈的工作，依靠严格的管理规范，将育人功能与后勤服务有机融合，从而达到育人效果。

俗话说，"十年树木，百年树人"。教育作为一种培养人才的社会实践活动，其成果不是一蹴而就的。教育是一个潜移默化、春风化雨的过程，需要循循善诱、言传身教，经过长期的积淀才能产生效果。

后勤服务工作贯穿于四年的大学生涯，关乎学生的学习生活，影响着高校教育教学、科学研究的进行。在高校后勤社会化改革日趋成熟的今天，高校的发展仍离不开稳定的后勤保障，只要高校存在，后勤服务就将长期存在下去，而后勤服务的育人功能也将相伴永久。

四、生活性

高校后勤服务育人是在学校生活中进行育人的有效方式，是"三全育人"在学生生活中的重要体现。首先，高校每一个学生每一天的生活都会接触到后勤工作人员，无论是高校后勤食堂员工还是高校后勤宿舍管理人员，他们的精神风貌以及服务态度都会对学生产生影响。其次，后勤工作人员的每一项工作都要与学生打交道。以宿管工作人员为例，他们日常的工作就是为学生的生活服务、管理学生宿舍卫生、帮助有困难的学生等。

高校后勤服务育人功能覆盖了学生生活的方方面面，不仅要根据学生对生活的需求状况逐步改进育人方式，同时要与时俱进。随着时代的发展，学生对美好生活的需求越来越强烈，已经不仅仅满足于解决温饱问题，而是需要更多的娱乐环境，以及更好的生活条件和居住条件，后勤服务则要在此基础上不断拓展自身的资源优势，尽量满足学生的需求。

五、实践性

在学术性较强的课堂教学过程中，主要是以教师课堂口头讲授的形式获取科学文化知识、接受思想道德教育的。与之相对的另一种是非学术性的教育形式，主要通过课堂教学过程中的示范和引导来对学生进行道德教育。具体指在传授专业知识时，教师的工作态度、治学的严谨程度、道德品质，甚至一言一行，对大学生的心理产生的刺激作用。正如我国伟大的教育家孔子所说，"其身正，不令而行；其身不正，虽令不从"。在高等教育阶段，大学生虽已具备了部分民事行为能力，但其心理尚未成熟，思维模式尚未系统化形成，具有很强的深造性。高校教师的言语行为会引发学生的效仿，这种示范性的作用不一定立竿见影，但久而久之，随着量的积累，会产生质的变化，从而对大学生产生影响。

对于后勤工作的育人内容来讲，它不具备知识的系统性和学术性，而是很贴近生活、符合实际的，具有很强的实践性特征。在校园环境、餐饮住宿环境和校园文化氛围营造过程中，通过健全有效的规章制度、爱岗敬业的精神、热情周到的服务来感化学生，让学生感受人文关怀，从中受到启发。

六、多样性

后勤服务工作内容的多样性决定了其在育人途径上的多样性与灵活性。后勤部门在履行服务职能的同时，时刻都对育人工作的开展起着积极的示范作用。其育人形式主要有三类。

第一类，大学生通过面部感觉器官能够客观感受到的。如优美宁静的校园、宽敞明亮的教室，伴随着朗朗的读书声、小河潺潺的流水声、鸟儿欢快的叫声，定会给人以美的享受，促进其审美意识与审美观的形成。又如，在教学楼里见到诸如"学习刻苦、认真钻研、尊师重教"等各类名言警句；在公共水房看到类似"节约用水、珍惜水资源"的节水标语；下雨天在宿舍门口看到"雨雪天气，当心路滑"的温馨提示，都会在潜意识中对学生的言谈举止产生影响。

第二类，亲身实践。如让学生参与到后勤事务性的管理中来，协助宿舍管理员进行宿舍卫生检查与评比，协助物业公司完成校园及宿舍设备的报修、维修工作等。学生参加后勤实践的意义在于，体会管理工作的性质和作用，锻炼能力，培养规范化意识。

第三类，通过言语、行为等无形的精神力量感染学生。如以优质的服务感染学生，以勤恳、务实的工作态度感染学生，以克己奉公、廉洁自律的品质感染学生等。

此外，还有诸如公益讲座等多种形式的育人方式。后勤服务工作者应当勇于思考、敢于创新，创造性地开展育人活动，为大学生的身心健康、正确行为习惯的养成尽微薄之力。

七、双重性

塞翁失马的故事告诉我们，福的到来与祸的降临并非绝对的，二者常相伴而生，有时可能互相转化、此消彼长。所以，要用发展的眼光看待一切，看到积极有利面的同时，还应考虑到消极不利的因素。既要顾及矛盾体彼此对立和排斥的方面，还要兼顾其联系和统一的一面，以及双方在时机成熟的情况下可能会相互转化的情况。

高校后勤服务育人工作应秉承"服务育人、管理育人和环境育人"的准则，并以此来实施具体行为。在育人工作的开展过程中，员工作为主要力量，担当着重要的角色。员工在衣着、面部表情、工作态度、专业技术水平等方面呈现出的良好的状态与积极的精神风貌，可以促进健康情感和良好习惯的形成，从而实现后勤服务工作育人的目的。反之，后勤工作人员消极怠工、不按时上下班、服务态度差，会对学生产生消极影响。

第四节 高校后勤服务育人功能的实现

一、高校后勤服务育人功能实现的原则

高校后勤服务育人功能实现的一个基本前提条件就是后勤服务实践与育人实践的深度融合。育人是后勤服务实践更高的价值追求，服务是后勤育人实践的活动载体。

（一）方向性原则

方向性原则指思想政治教育应该始终与我国社会主义发展要求相一致，必须遵循正确的政治方向。这是思想政治教育最为重要的一项原则，体现了相关工作的本质要求。

我国高校后勤是具有中国特色社会主义性质的后勤，必须服从中国共产党的

领导，落实党在教育领域的基本方针，接受马克思主义相关理论的指导，坚持中国特色社会主义教育发展道路。高校后勤服务育人工作是高校思想政治教育工作中不可或缺的重要组成部分，后勤的服务育人工作应坚持党领导下的高校思想政治教育方向，坚持教育改革的大政方针。

新时期，高校思想政治教育要坚持以习近平新时代中国特色社会主义思想为指导，以立德树人为根本，以理想信念教育为核心，以社会主义核心价值观为引领。高校后勤服务育人工作更要以此为方向，在不断深化社会化的进程中，以新时期中国特色社会主义思想为指引，明确全心全意为高校师生服务、为高等教育保驾护航的方向，做好各项服务育人工作。这是高校后勤服务育人的根本性原则，也是必须坚持的工作方向。

（二）渗透原则

所谓渗透原则指高校思想政治教育融入后勤服务的各个方面，利用后勤开展服务工作之便，将思想政治教育融入学生日常生活学习中的细微之处。高校学生的大部分时间都在和高校后勤打交道，学生的思想问题往往与学生的日常生活紧密相连。高校后勤在满足学生校园生活的物质所需、做好学生日常生活物质保障的同时，通过物质保障活动的开展，将思想政治教育轻而易举地渗透到学生生活的细微之处。渗透原则符合高校后勤开展服务育人工作的基本规律，是区别于课堂教育的本质性原则。服务育人实践活动，坚持渗透原则，强调的是形式上的"寓他性"，寓思想政治教育于服务实践活动，而不是把服务实践当成一种思想政治教育实践形式。服务育人实践的对象是服务而不是育人，是服务与育人内容上的深度融合。换言之，育人活动的开展，是以不破坏服务活动为前提条件的。

（三）激励原则

激励原则是高校后勤实现服务育人功能的一条基本原则，对于强化后勤服务育人效果、提升育人质量有着显著作用。

在新时代高校后勤服务育人实践中，坚持激励原则十分有必要。人的行为受动机的直接支配，动机则受到两个因素的制约和影响，一是人自身的内在需求，二是所处环境的外部激励。前者是人的行为的内在基础，后者则可强化或抑制内需，对动机的产生有着至关重要的作用。只有在既存在内在需要又出现合理且适度的外部刺激的情况下，人们才会产生满足需要的欲望，即行为动机。

另外，高校后勤服务育人可以更加巧妙地运用激励原则。除了奖惩激励，在后勤服务活动中，还对学生进行民主激励和情感激励。所谓民主激励，就是积极调动学生广泛参与到后勤服务活动中，增强学生的自我管理、自我教育、自我服务意识。后勤服务对象是全校师生，服务活动不能脱离服务对象而偏离方向，通过将学生引入后勤监督工作中，搭建与学生沟通交流的平台，听取学生的意见建议。后勤既能够理解到学生的诉求，又能尊重学生、增强其民主意识。所谓情感激励，即通过满足学生的情感需要来提高其积极性。因为情感需要构成了人们基本的精神层面的需要，关注教育对象情感的满足，为教育对象多办实事，是激发教育对象积极性的有效手段。这与后勤服务的宗旨不谋而合，高校后勤活动是对学生开展情感激励的完美载体。

（四）示范原则

示范原则是高校后勤实现服务育人功能的另一条基本原则，也是后勤服务实现育人功能的基本路径。高校后勤服务育人的过程也是服务人员用自己的模范行为对学生进行示范的过程。服务人员是展现后勤风貌的窗口，更是服务育人的教育主体，通过自己模范的行为去影响和感染学生，可以促进其思想品德水平不断提高。

思想政治教育作用的切实体现，必须做到：一是要依靠客观的真理，指的是在知识传递和教育的过程中，思想政治相关的理论知识必须和真实的状况相匹配，也就是要与社会发展趋势与规律相契合；二是要发挥人格的力量，指的是教育者首先自身要符合思想道德和行为规范等各方面的要求，言传身教，用自身行为引导受教育者践行所倡导的价值观念和道德规范。高校后勤社会化使后勤服务主体脱离高校而单独存在，市场化的运作和校园服务市场的开放，使得后勤服务人员行为标准符合市场环境下第三产业从业者的行业规范和社会从业的基本素养，具备行业竞争力的社会优秀人才；同时，由于高校后勤根植于高校、服务于高校，其特有的服务文化，使得如今的高校后勤从业人员有着更高的行为标准、较高的思想觉悟和崇高的教育理想。通过社会和高校的双层价值引导和行为规范，后勤服务人员积极进取的工作态度、较高的工作素养、规范的工作程序，甚至是一言一行，都对学生起到了示范引导的作用。

二、高校后勤服务育人功能实现的要素

（一）服务态度

对于态度的界定，学界较为权威的是弗里德曼提出的态度三成分学说，即态

度是由认知、情感、行为倾向组成的，是行为的准备状态。态度又分为内隐态度和外显态度。内隐态度强调的是主体在无意识状态下对客体的自动化情感反射及行为倾向性，而外显态度强调的是主体在有意识状态下对客体的理性认知与评价。后勤工作人员自然而然流露出来的情感也会直接对学生产生影响。良好的服务态度能够在为学生提供服务的同时让学生心情愉悦、动力充足；而消极的服务态度会造成学生情绪消沉。因此，积极良好的服务态度是发挥高校后勤服务育人功能的关键要素。

服务态度是服务育人工作的基础和关键。良好的服务态度是进行育人工作的前提，良好的服务态度能够更好地将育人因素渗透进服务中去，能够让思想政治教育工作事半功倍。

（二）后勤制度

制度就是要求大家共同遵守的办事规程或者行动准则。制订合理的规章制度有利于学生养成遵规守纪的意识。这就对后勤制度的制订和执行提出了更高的要求，高校后勤部门在制订制度时要充分考虑学生现阶段的身心发展特点和学校实际，从学生的住宿、餐饮、校车运行到图书馆的行为规范，都要明确约束、严格执行，促使学生养成自觉遵守制度的习惯，充分发挥制度育人效果。实践证明，科学完善的规章制度有利于高校后勤部门提升服务育人的质量，有利于高校后勤顺利开展服务育人工作。因此，高校的各级部门和各级岗位都要明确制订科学合理的制度规范，根据在实践中得来的经验，尽量细化相关规章制度，使得各类大小事务能够有据可依。

高校后勤制度育人也体现在高校后勤工作人员的落实上，一些工作人员在落实规章制度时存在着"一刀切"或者"不按制度行事"的问题。这些都会直接影响学生对高校后勤机构的看法和态度。因此，有效合理地落实规章制度有利于后勤取信于师生，使学生能够受到学校的感染和熏陶。高校后勤工作人员要严格按照制度规范学生的行为，同时要兼顾学生的自尊心，培养学生的自律意识和遵规守纪意识。后勤机构在落实规章制度时要充分保障学生的知情权，使后勤服务透明化。

（三）生活环境

人创造了环境，环境也创造了人。改善高校后勤环境不仅有利于学生的身心健康，而且能够在潜移默化中促使学生养成良好的行为习惯。环境有硬件环境和文化环境之分。就硬件环境而言，一些高校硬件设施不足，尤其是一些成立较早的学校存在硬件设施老旧的问题，学生宿舍、浴室、食堂的环境与现阶段社会发展进度不符，各种基础设施仍然是几十年之前的水平。这与学生对于美好校园环境、美好生活的向往仍然存在着一定的差距。

因此，完善的硬件设施是营造良好的校园环境的当务之急，同时是推进服务育人工作的必要条件。高校后勤要逐步完善高校食堂、高校宿舍、高校图书馆的相关设施，为学生营造更加便利的生活条件。

就文化氛围而言，文化理念的建设以及文化氛围的营造是加强后勤文化环境建设的重要指标。高校后勤相关部门要确立好服务理念，提升高校后勤工作人员的凝聚力，共同做好服务育人工作。同时也要营造良好的文化氛围，以后勤各部门为例，食堂可以张贴"光盘行动，杜绝浪费"的标语，宿舍可以张贴"宿舍风景线，大家来共建"的标语，在图书馆可以张贴"借书还书彬彬有礼"等标语，以此来规范学生的行为。

（四）劳动资源

高校后勤有着先天的劳动资源优势，后勤丰富的劳动岗位涵盖了学生生活的方方面面，其中涉及门类众多，有利于提升学生的实践能力，也有利于学生更好地融入社会。在劳动岗位中渗透育人因素，有利于增强学生才干，培养劳动品格，锻炼人际沟通能力，在将来的就业岗位上能够更好践行爱岗敬业、诚实守信、办事公道、服务群众和奉献社会的职业道德规范。

以学生宿舍为例，宿舍内部包含着专业维修人员、卫生清洁人员等，这些都是学生在生活中的老师。高校后勤可以通过对人力资源的有效整合，让学生在生活中学习，在生活中成长。高校后勤为学生提供的有意义的服务能够让学生将所学与所用有效结合起来，避免"纸上谈兵"。同时，高校后勤机构在社会化改革的实践中，与社会各行各业的接触机会较多，高校后勤要利用自身的社会属性，帮助大学生在实践锻炼中成长成才。

三、高校后勤服务育人功能的实现过程

（一）高校后勤服务育人过程

1. 知教环节

思想政治教育具有意识形态性、阶级性，我国的思想政治教育是中国共产党领导下的中国特色社会主义思想政治教育，传播的是社会主义意识形态下的丰富

的思想政治教育内容，具有无产阶级属性。这就决定了高校后勤在服务育人工作中，必须坚持把社会主义意识形态下无产阶级的政治观点、价值观念、道德要求等作为育人的准绳，这也是服务者能够成为合格的教育者并参与到育人工作中的前提条件。

服务者要具备除职业素养外的一定社会品德，要做到"知教"，即知道拿什么样的价值观来育人。区别于其他社会服务从业人员，高校后勤的服务者理应具备同行业较高的思想政治觉悟，对社会品德要求具有足够的认知，这样才能把这些要求落实到服务育人的实践中去，才能确保在简单的服务工作中思想政治教育的存在。

2. 寓教环节

这个环节是服务者把简单的劳动上升为复杂劳动的过程，既能体现服务者的劳动价值，又能刺激他们的劳动积极性。这也是高校后勤坚持服务育人工作的一个客观考量。虽然高校后勤服务者的素质普遍高于普通服务行业从业者，但他们面对的是接受高等教育的大学生，作为施教者，其如何巧妙地寓教、以什么形式寓教，才能成功地将自身的社会品德素养、工作素养，甚至将自己的社会生活经验寓于后勤服务中，具有现实的挑战性。这些后勤服务人员毕竟不是专职的教师，在后勤服务育人功能的实现过程中，就需要后勤系统对其进行管理培训、文化熏陶、技能培养等方面的支持和管控。

3. 施教环节

施教环节是后勤服务者能动性地参与育人实践的最后一个环节。服务是一项由服务者和被服务者共同参与的交往实践活动，服务者和被服务者间的实践关系是通过服务这个活动媒介联系起来的，三者之间相互作用且发生关系。

在服务过程中，服务者一方面必须积极引导学生参与互动实践，通过服务走近学生、作用于学生。假如服务者提供服务，而作为被服务者的学生不消费服务，没有参与到服务活动中，那就直接制约了服务育人功能的实现。另一方面，服务者要在服务活动中进行平等、民主的交往，而不是以权威身份进行施压式的服务和教育，这是成功施教的关键。建立和谐的交往关系，克服两者间交往实践的矛盾，可以有效促成学生在服务活动中接受施教。

当然，学生作为被服务者的主体，他们的校园生活离不开后勤服务，但是消极参与也不利于服务育人功能的实现。因此，施教环节更加强调的是服务者的主观能动性和积极引导的作用。

（二）高校学生消费服务的过程

高校学生消费服务的过程即学生思想品德形成的过程，就是消费服务的学生在服务中受到教育影响，促使其内在思想品德相关矛盾转化的过程。从本质上来说，就是学生在没有思想政治教育受教意识的情况下接受思想政治教育的过程。在思想品德形成的过程中，学生的主体性得到加强，离不开社会实践。这个内在的形成过程可以分为三个环节，即感知环节、体验环节、实践环节。

1. 感知环节

在服务育人功能的实现过程中，服务者的施教过程在形式上存在潜隐性，唯一可以确保思想政治教育存在的评判标准就是作为被服务者的学生能感知到教育影响。服务过程中的施教环节强调服务者的主体性，要求通过积极引导学生参与服务活动去促成育人功能的实现；然而，感知环节强调的是发挥学生内在思想活动的主观能动性，在参与服务实践的过程中，让学生作为教育信息的发现者、感知者在实践中获得一定的思想、政治、道德方面的感性认识，形成感性经验。感性经验可以是认知性的，也可以是情感性的、意志性的，这些都是学生思想品德形成的基础。

2. 体验环节

感性经验是在实践活动中获得的间接的感性认识。学生在获得感性经验之后，一方面会对其进行理性反思，形成理性认识，从而转化为促进思想道德水平提高的真理；另一方面，学生也会把实践得来的感性认识与课堂上直接获得的理性认识进行比较、筛选，推动其向体验环节发展。

体验环节是受教育者将思想政治教育内容内化的关键环节。高校后勤在服务育人过程中必须注意学生在课堂上获得的直接认识和在实践中获得的间接认识的一致性。如果不一致，学生会根据自身的间接认识去重新定义直接认识；如果一致，那直接认识和间接认识就能相互辅助、相互佐证，更能强化育人功效。

3. 实践环节

实践环节是学生将在感知环节和体验环节得到的思想规范、道德水准、信念准则、政治操守等方面的认识外化为行为实践，并形成行为习惯的过程。学生在获得理性认识后，虽然道德素质得到了提高，但在整个实现过程中并没有被明确告知受教要求。这些内化于心的理性认识既需要在实践中得到检验，又需要服务于新的实践，以符合社会发展、进步对一个合格的社会人的要求。

四、高校后勤服务育人功能的实现策略

（一）强化高校后勤品德育人功能

品德育人需要以后勤工作人员为主体，以学生为对象，用高校后勤工作人员的良好品德感染学生。因此，需要突显高校后勤机构的公益属性，提升高校后勤服务育人意识，将服务育人贯穿于学生在校全过程，发挥好品德育人功能。

1. 突显高校后勤机构的公益属性

习近平总书记在全国政协医药卫生界教育界联组会上强调，要坚持教育公益性原则，着力构建优质均衡的基本公共服务体系，建设高质量教育体系，办好人民满意的教育。

完善后勤育人体系，要做到企业和高校协同配合，共同突显高校后勤机构的公益性。要引进专业化公司的管理机制，实行定岗定薪制度，统一管理后勤设备，建立统一的标准化管理体系，在食堂运用"五常"管理方法（常组织、常整顿、常清洁、常规范、常自律），推行并完善"六天"管理制度（天天处理、天天整合、天天清扫、天天规范、天天检查、天天改进），全面开展安全教育，用治理有方、管理到位的体制机制影响人、塑造人。

政府参与其中，突显高校后勤机构的公益属性。我国高校的办学主体是政府，高校的教育经费来源也大多来自政府财政，政府对高校的这种经费支持就是为了追求社会的公共利益，高校后勤服务保障了学校正常活动的开展，是高校正常运转的首要环节，也是高校实现长远发展的有力后盾。学校的各类活动是政府公益性的体现，那么高校后勤无疑具有公益性。只有政府出面，发挥好主导作用，一定程度上克服市场规律的冲击，才能为高校后勤公益性的发挥营造一个良好的环境。政府要与中国教育后勤协会做好有效对接，对地方所在高校进行统筹规划，明确后勤育人的责任主体和实施主体，不断推进后勤育人体系建设。

2. 提升高校后勤服务育人意识

受传统观念的影响，一些人对高校后勤仍然认知有误。通过问卷调查发现，很多后勤工作人员甚至一些在校学生都认为高校后勤工作人员是否进行育人并不重要，只要做好自身的本职工作就可以。事实上，从内容上讲，高校后勤是维持高校正常运转的一项基础性和保障性工作；从属性来说，高校后勤又是辅助"三全育人"最终实现的育人部门。高校后勤的育人性正是通过他的服务性来实现的，通过将育人因素渗透进学生工作的方方面面，最终达到教育的目的。因此，高校

要加强服务育人的宣传，搭建后勤部门与学生沟通交流的平台，加强学生与后勤工作人员的沟通了解，提升高校后勤服务育人功能。

3. 服务育人贯穿学生在校全过程

理念是行动的先导。第一，要内化服务育人理念。高校后勤工作者要意识到自身工作的特殊性，处于高校这个大环境中，就要落实育人职能，将育人渗透进自己工作的每个环节，循序渐进地促进学生良好行为的养成。第二，要细心尽责，因材施教。高校后勤工作人员要时时关注学生的最新动态，时刻关注学生的心理、行为的变化，防微杜渐，提前为学生消除安全隐患，有针对性地开展工作，营造良好环境。

育人意识渗透进学生成长的不同阶段。要把握住学生在校的关键节点：入校前、入学时、在校期、毕业时。一是入校前做好宣传工作。高校可以通过学校的宣传片、校园网络等形式让学生提前熟悉学习和生活环境，消除陌生感和恐惧感。二是入学时要给予学生归属感。学生对学校的第一印象很大程度上决定了学生对这个学校的热爱程度。在大学入学时，很多学生是第一次出远门、第一次住校。后勤工作人员要把握住这一关键时期，张贴欢迎学生的条幅，热情对待学生，于细节处提升学生的归属感。三是在校时给予学生细心关怀。细节决定成败，后勤工作人员要在食堂、公寓、图书馆等方方面面给予学生关怀，将育人体现在学生回寝、打饭时、借还书时，在潜移默化中促进学生价值观的养成。是毕业时倍加关怀体谅，学生在毕业时面临找工作、写论文的压力，后勤工作人员要做到体谅学生，给予适当关怀，减轻学生的压力和心理负担。

（二）完善高校后勤育人保障功能

高校后勤的保障功能是其第一功能，也是发挥其服务育人的基础，只有做好后方保障工作才能保证育人功能的发挥。高校后勤改革的目的在于后勤部门可以更好地服务高校的教学、科研以及师生，并在服务中实现对学生思想道德和行为举止的影响与引导。

1. 让服务育人功能深入人心

要做好高校后勤服务育人工作，首先后勤部门的员工应该先具有育人意识，了解自己的工作对于学生而言是非常重要的，承担起育人的职责。如果他们仅仅把为学生提供服务当作普通的工作，简单机械地完成而不去关心学生，那么后勤服务的育人功能只能是空谈。因此，应加强高校后勤员工的育人责任意识，让育人职责深入人心，才能发挥好后勤部门的服务育人功能。

2. 促进学生认知的转变

高校后勤服务育人功能要想得到充分的发挥，还要转变学生对于后勤部门的漠视和对后勤员工的偏见。很多学生都不关心后勤部门的工作和发展，不参与后勤事务。大学生作为高校后勤服务的主要对象，对于后勤的发展具有绝对的权威性。可是，目前大学生并未参与到后勤事务中。由于后勤部门直接提供服务的员工多数为技术性人员，他们的学历水平普遍低于高校学生，这导致了高校学生对他们存在一定的偏见，认为他们除了做好本职工作外没什么优势和特长。如果不消除这种偏见，高校学生很难从他们身上学习到知识和品德。

（三）强化高校后勤自身育人功能

1. 建立健全监督、制约机制

高校后勤社会化改革离不开学校的监督与制约，市场竞争机制引入高校的同时，不可避免地会把追求利益的目标也带到后勤之中，这就要求高校对后勤部门有健全的监督与制约机制。有了健全的监督与制约机制，高校后勤才能在社会化的过程中不被追求利益最大化迷惑，才能不偏离育人的主题。后勤工作结果的验收以及商品价格的调整都需要校方的监督，在没有竞争的校内必须要有制约机制才能平衡后勤一方独大的局面。建立健全监督与制约机制是后勤社会化改革进程中不可缺少的一部分。

2. 加强后勤人员培训

后勤员工的学历相对来说比较低，只有由专门的人或者部门单独管理和培训才能让他们得到提升。后勤社会化改革把后勤工作委托给社会集团，让他们提供符合校园要求的服务工作人员，让他们培训好自己的员工，让员工的一言一行符合学校的标准，在减少学校工作压力的同时，提高了后勤服务的质量。

高校后勤人员素质的提升需要依靠后勤部门对人员进行定期、有针对性的培训。后勤人员要不断提升自己的意识和素质，后勤社会化改革要革去旧后勤的等、靠、托的不良恶习，后勤大锅饭的时期已经过去了，要想在工作岗位上不被淘汰就要不断提升自己的专业素养。

第六章　高校后勤服务育人的实践

为了落实学校管理育人的新要求，进一步提升学校公寓管理服务水平，高校后勤部门大力推进后勤服务育人的相关实践工作，并在此基础上借鉴典型的后勤服务育人实践案例，推动高校后勤服务育人工作顺利开展。

第一节　高校后勤服务育人——综合案例

一、提升后勤服务育人综合效果的原则

（一）因地、因校制宜

我国幅员辽阔、区域差异性较大，各地的经济、文化、教育、资源、民俗风情等各不相同，周边社会环境复杂多样，即使是同一地区的高校也会因为办学规模、隶属关系及重点培养的学科门类的不同而存在诸多差距。这就要求我们在准确理解高校后勤服务体系内涵的前提下，既要纵观全局、放眼未来，把握提升高校后勤服务育人综合效果的统一要求，又要从实际出发，实事求是、因地制宜、因校制宜，以自身需求为导向，围绕各自的重难点来开展建设，逐步完善本校的后勤服务育人体系。

（二）以人为本

以人为本是科学发展观的核心，是全心全意为人民服务的党的根本宗旨的体现。当前，随着高校后勤改革的不断深入，后勤服务建设越来越受到重视。以人为本不仅是服务的第一要素，也是后勤管理的第一要素。

一方面，后勤服务实体作为后勤服务中"育人"的主体。只有积极主动地为师生提供优质、便捷、高效的服务，才会得到师生们的认可与配合，才会形成良

好的服务管理效应。因此，后勤服务实体应该树立起以人为本的服务管理理念，在服务管理中积极营造以人为本的文化精神，从而使人本意识在师生身上落实并体现。只有这样，才能使后勤德育作用得到最大的发挥，达到"服务育人"的目的。

另一方面，高校后勤服务最大的服务对象是在校师生，在构建高校后勤服务体系、提升后勤服务育人综合效果的过程中，要不断地了解师生对后勤服务的合理需求，把实现师生的根本利益作为后勤服务建设工作的出发点和落脚点，把师生的服务满意度评价作为服务工作的衡量标准，把以人为本的思想贯穿于各项建设举措之中。唯有如此，后勤服务才能贴近实际需要，进而赢得广大师生的肯定和参与，最终实现把高校后勤服务育人体系建设成为服务师生、造福高校的工程的目的。

（三）公益性与市场化的兼顾

高等教育超常规发展给学校带来了巨大的资金压力，将市场机制和社会资金引入高校后勤服务市场，无疑为高校减轻了负债压力、填补了资金空缺。坚持高校后勤服务市场化，有利于资源的优化配置，有利于规范服务、明确任务、细化权责，提高资源使用效率，实现高校后勤经济效益最大化。

高校后勤是建设和谐校园的重要环节，是实现高等教育改革的重要组成部分。高校后勤的教育属性要求高校后勤服务育人工作在遵循经济发展规律的同时必须遵循教育规律，不能以追求利润为后勤服务育人工作的唯一目的。在高校后勤市场化还未成熟的当下，高校后勤服务因消费对象的特殊性与消费市场的相对封闭性，造成了服务市场的非公平竞争，经营者有可能为了追求经济利益将服务成本转嫁给师生。坚持高校后勤服务的公益性，不以营利为目的，可以减少甚至杜绝服务成本转嫁给学生带来的经济负担，维护校园的稳定，也符合当前我国的基本国情。

（四）和谐稳定可持续发展

高校后勤服务育人综合效果的提升是一个持续累积的过程。作为高校后勤社会化改革下阶段的主要目标任务，后勤服务育人工作的成效直接影响着在校师生的学习、工作与生活，影响着高等教育的发展。因此，在构建中要把握全局，既要突出重点建设项目，又要注重全面与协调发展；既要顾好眼前的利益，又要重视资源利用与长远发展，切不可操之过急。

坚持和谐稳定的原则，就是要把开展后勤服务育人工作的力度、发展的速度控制在社会、学校与师生可承受的范围内，维护社会、学校的安定；通过转变服务管理理念、优化资源配置、转换管理体制及服务运行机制等手段积极构建科学化、人本化的高校后勤服务体系，实现学校后勤工作与学校教学科研工作的协调、健康、可持续发展。

二、高校后勤服务育人的综合案例

（一）全面深化后勤社会化改革——华北理工大学

华北理工大学以搬迁新校园为契机全面深化后勤社会化改革，构建了学校公益性投入与引入社会化专业服务相结合的社会化后勤服务保障模式。2017年，学校完成了后勤机构改革，组建了社会化前提下高度适应监管模式的后勤工作机构。同时，后勤部门注重以点带面，积极组织系列育人活动，培育学生自我教育能力，提高服务育人质量。

1. 举办餐饮文化节等系列活动

后勤部门积极策划，全面领导，引入企业积极参与，举办了"舌尖上的华理"（包括美食评鉴、美食知识竞赛、美食作品摄影比赛）和宿舍文化风采大赛。这些活动广受大学生欢迎，收到了良好的育人效果。

2. 加强学生自我教育组织建设

学校后勤部门先后组织成立了学生自律委员会（主要负责学生宿舍的文化建设、活动开展和检查评比工作）、学生伙食委员会（主要负责学生食堂的文化建设、活动开展和检查评比工作）。当前，两个学生组织合并组建而成后勤学生会。该组织设有专门的指导教师和办公地点，各项职责明确。

3. 校园菊花展已形成文化效应

校园菊花展已经成为华北理工大学后勤建设校园文化、开展服务育人工作的特色活动。每年菊花展期间，赏花拍照已经成为大学生课外生活的主题，并且通过摄影、书画比赛培养了一批艺术人才。更重要的是，学校每年的菊花展都和学校的发展主题紧密结合，参观的师生不仅被菊花的品质所感染，同时在校园文化的熏陶下进一步融入了学校的主流文化，使"明德博学、勤奋求实"的华北理工大学精神更加深入人心。

菊花展得到了社会的广泛关注，展览期间，来参观的市民络绎不绝，活动得到了《燕赵都市报》《唐山晚报》《唐山劳动日报》、唐山电视台、中国高校之窗网站等多个媒体的宣传报道。

（二）建设社区学院，推行"6天"管理——上海大学

为了落实学校管理育人的新要求，进一步提升学校公寓管理服务水平，后勤部门大力推进"高等学校学生社区公共服务标准化试点工作"。在上海市教委、上海市质量技术监督局和宝山区市场监督局的悉心指导下，在学校各部门的大力配合和支持下后勤部门深入调研、精心编制、严格审查，完成了社区提供标准体系、服务通用基础标准体系及服务保障标准体系共三大体系八十三项标准的编制工作。

生活园区的管理服务工作不光要满足学生的生活需求和日常需要，还要将育人的思想融入各项工作当中，让学生在日常生活中潜移默化地实现自我价值和自身成长。后勤部门应充分发挥社区青年员工善于发掘社会新动态、乐于接受新事物的特点，将传统的社区行为评价模式与当下在学生群体中流行的新方式相对接，从培养学生科学的生活习惯、学习习惯出发，指引员工用适合新时代大学生特点的方法，适当更新修订了传统的规章制度，为原本硬性的评价标准注入了新鲜的时代内涵。此外，积极将这一全新的园区行为评价体系与各个学院对接，倡导、动员各学院将这一体系与学院学生的评奖评优相结合，探索全员、全程、全方位育人方法，为在校学生综合评价增添新的血液。

社区学院是上海大学的办学特色。上海大学将全体大一新生（除少量艺术类和个别专业）按照理工、经管、人文这三方面进行分类，进行为期一年的通识教育培养和大类基础课教育。后勤部门积极建立"学院—园区"学生联合培养机制，引领辅导员深入寝室，同楼园区区长和宿管等定期开展宿舍学风、安全、卫生等联合检查、突查，定期开展小组之间的学习和交流。这一工作机制的建立使辅导员和学生更加亲近，有效地引导学生在寝室内形成良好的生活、学习习惯，发挥了"一加一大于二"的效果。

为了使生活园区育人工作更加符合学生的个性需求和自身要求，后勤部门在2015年推出了学生寝室"私人订制"服务，让新生在入学前填写自己的作息习惯、兴趣爱好等意向。经过统计分析，将志趣相投的四名同学分配在一间寝室内。这一服务措施的推出，使得上海大学成了上海市首批实现"按需分配"寝室的高校，得到了社会媒体的关注和广大师生的一致好评。

后勤部门带领社区文化建设一线人员收集学生的寝室故事，把感动人物和感人事迹纷纷记录在册。"爱心屋"是学生生活园区的慈善组织,该组织与上海市慈善基金会和多家社会爱心企业、个人联合共建,成立专项资金,为生活园区的贫困学子争取到了更多的关爱和帮助。

从 2015 年上海学校后勤协会开展公寓"6 天"达标创建活动开始,学校后勤部门将上大的"6 天"创建工作提升到了一个学校全局战略的高度。同时,后勤部门将学校园区原有的"六位一体"工作模式,与"6 天"中六个"天天"管理模式进行对接,延续了社区的老传统,开创了高校"6 天"管理的新局面。

第二节　高校后勤服务育人——公寓案例

一、公寓服务育人的基本内涵

高校学生公寓的服务育人是指公寓管理者通过提供优质高效的服务,为学生创造良好的生活环境,从而达到服务、管理和教育学生的目的。公寓管理服务者必须做到以下四点:一是变"滞后服务"为"超前服务",树立超前意识、忧患意识、时间意识。二是变"被动服务"为"主动服务",树立效率意识,培养主动精神和责任感,克服生活惰性。三是变"数量服务"为"质量服务",树立质量意识、责任意识。四是变"为我服务"为"自我服务",锻炼学生的综合能力,树立劳动服务观念,养成珍惜劳动成果和爱护公物的习惯,培养学生自立、自强的精神。

二、公寓服务育人的主要表现

服务育人是在为学生服务过程中,以优质的服务、热情的态度、文明的风尚和规范的行为,在精神上、思想上和道德上给学生以潜移默化的影响,使学生在接受服务的同时得到良好的教育。为学生提供优质服务、寓育人于服务之中,已经成为高校学生公寓服务工作的宗旨。

(一)热情关爱育人

学生公寓服务的工作人员往往是满腔热情,像良师益友一样关心学生的成长和进步,像父母一样把他们的温饱冷暖时刻挂在心头。要想学生所想,急学生所急,视学生为子女、弟妹,热情地为学生解决各种问题,不断提高工作效率,及时处理学生公寓中出现的各种问题,改说教为关心、尊重,寓教育于服务中,本着真情服务的宗旨，竭力营造出一种热忱温馨的氛围，让学生真正体会到家一般的温暖。例如，冷空气要来了，提醒学生准备防寒衣物；军训开始了，提醒学生要多喝水、防中暑；放假了或毕业离校，提醒学生注意安全；下雨了，帮助学生抢收棉被……从而使学生公寓真正成为学生的第二个"家"。这些都会感染学生，使关爱互助在公寓蔚然成风，对学生人生观、价值观的形成起到相当重要的作用，甚至影响到学生今后的健康成长。

（二）以身作则育人

身教重于言传，学校公寓的职工在各自岗位表现出的吃苦耐劳、任劳任怨、不图名利、关心他人、乐于奉献的高尚品质和良好思想，无时无刻不在潜移默化地影响着学生的成长，这种育人作用是其他部门所不可替代的，主要体现在以下几方面。

1. 培养学生的责任意识

如果学生公寓服务人员怀有高度的责任感、良好的职业道德，以主人翁的态度，尽心竭力、任劳任怨、身体力行地为学生服务，这就会影响学生的事业心和责任感。这种爱岗敬业精神会对学生起到榜样的作用。

2. 培养学生的诚信意识

学生公寓服务人员在服务过程中，要搞好服务育人，其基点是诚实守信。学生有困难和问题而公寓员工又能够解决的，决不能推诿；答应学生的事情，必须尽力做好。工作人员在服务工作中树立起良好的诚信观念，时时、事事、处处为学生考虑，这就是最好的诚信教育。

3. 培养学生的集体主义观念

学生在校期间的学习与生活，绝大部分是以系、班、宿舍为单位进行的，尤其是生活在一个宿舍，如果只顾个人的自由而忽视群体的存在，就会产生诸多矛盾和问题。公寓服务人员在工作中表现出来的团结互助精神，在一定程度上有利于培养学生的集体组织观念。

4. 培养学生的节约意识

公寓职工在服务过程中，要精心核算成本、节约材料、节约水电，在组织维修改造工程、基建项目工程时要精打细算、量体裁衣。广大学生看在眼里、记在心头，对其的教育作用是显而易见的。

5. 培养学生的精神文明风貌

公寓职工人人以优质服务对待各自的工作，做到微笑服务、规范服务、及时认真、热情周到、文明礼貌，为学生的学习和生活提供一个尽可能舒适的氛围与环境。这就能感染学生，使学生逐渐形成文明礼貌的行为习惯。

三、公寓服务育人的现状

（一）公寓服务育人面临的问题

1999年高校扩招后，高等教育事业发展突飞猛进，学生数量急剧增加，逐步进入大众化教育后，后勤社会化改革加速了学生公寓的建设步伐。但是学生数量、需求的增长与学生公寓建设、服务之间的矛盾，仍然在一定程度上影响着公寓服务育人功能的发展。

1. 公寓物质条件不够优化

在高校后勤社会化改革的过程中，高校与后勤部门认真调研、统筹规划，积极推进以社会化方式建设学生公寓的进程，但是当代学生公寓在物质条件方面的发展仍然有待提高。

第一，公寓内居住人数仍然超标。根据教育部2001年印发的《关于大学生公寓建设标准问题的若干意见》，新建的高校公寓将努力实现"四二一"的目标，即本科生4人1间、硕士生2人1间、博士生1人1间，同时提出要求新建的学生公寓要力求方便、实用、耐用，便于学生生活。但是发展至今，高校学生公寓只是在一定程度上实现了本科生4人1间，6人间与8人间仍然存在，硕士生与博士生的住宿目标也没完全达到。

第二，公寓内的陈设较为简单。学生公寓内的设施比过去已经有了较大改善，普遍配有床与足够的书架、储物柜，空调、热水、网络端口也走进了学生公寓。但是独立卫生间并没有走进所有的公寓楼。出于安全的考虑，学生居住公寓内仍然不能使用大功率电器，家具也比较简单，学生不能够得到较好的个人空间。

第三，公寓的整体设计较为简单。许多学生公寓为了在同样的建筑面积下取得较大的居住面积，仍然采用筒子楼的形式，导致许多地方的采光与通风不够好，设计简单，缺乏美感。部分学生公寓楼的保温隔热、环保节能方面考虑较不全面，导致维修成本较高。

第四，公寓内部生活不够方便。学生公寓内部没有商业服务，许多高校为了保证学生休息而采取熄灯制度等，都让学生在公寓楼内的生活变得不够方便。

2. 公寓管理制度不够健全

管理制度是维持高校学生公寓正常运转的重要保证，这些制度在一定时间内对维持公寓良好运转、发挥服务育人功能起到了良好的促进作用。

从相关的调查结果来看，公寓现有的管理制度并没有与公寓服务育人功能发挥产生正相关，其中一个非常重要的原因便是制度不健全，管理者与学生的积极性没有得到充分激发与调动，出现管理者在工作中不用心、不带情，学生在公寓内不配合的现象，造成服务育人功能发挥受限。

第一，公寓管理者的考核、保障制度不够完善。对于公寓管理者而言，相关的考核制度、保障制度还不完善，对工作实效的激励制度有待完善，不利于调动公寓管理者的主动性与积极性，使公寓管理主要停留在基本事务管理与卫生维护方面。

第二，公寓管理者整体水平不高。由于公寓管理者的薪酬体制、保障体制的不完善，对高素质人才吸引力不足，管理者整体水平不高，会造成管理制度在定制的时候缺乏创新，缺少人性化理念，管理方法与管理模式的科学性、规范性不足。

第三，有关学生在公寓内的行为方面的考核制度几乎空白。高校在学生评先评优方面的制度基本没有将学生在公寓内的表现纳入考核体系，如此便不能更好地激发学生在公寓内严于律己的主动性，限制了学生自我教育的发挥。

3. 公寓文化氛围不够浓厚

公寓文化是一种群体文化，通过大学生在公寓中的活动表现出来，良好的公寓文化有助于形成健康的学习风气与生活风气。但是从相关的调查结果发现，目前高校学生公寓的文化氛围并不浓厚。

第一，大学生主体意识缺乏。大学生作为公寓居住的主体，比较缺乏主体意识。在大学校园生活中，他们更重视的是成绩、综合测评的奖惩等，功利观念较强，而对于公寓文化建设不够重视，没有看到公寓文化的服务育人力量。

第二，网络给学生公寓带来负面影响。高校学生公寓在改善基础设施的过程中，将网络引入了学生公寓，主要是为了让大学生更好地融入信息化社会，但是网络给大学生带来了一些消极负面的影响。在调查中显示，大学生将网络使用在学习方面的仅占10.9%，93.5%的大学生认为网络对公寓生活影响非常大。由于大学生缺乏对网络文化的判断与鉴别能力，容易沉溺虚拟的网络世界，影响学习的积极性与整个公寓的学习氛围，甚至能够影响公寓成员间的亲密关系。

（二）公寓服务育人问题的原因

1. 公寓建设投入少

（1）建设经费不足

我国市场经济的运作开放了教育市场，使办学主体更加多元化，对高校公寓的运作方式和管理理念产生了影响，对社会主义办学方向提出了严峻的挑战。高校对于公寓的资金投入决定着高校公寓的发展进程和优化程度，高校公寓在设施更新、外部绿化、物业管理上的完善都依赖于学生公寓的建设管理经费。目前，我国高校公寓服务育人功能中存在的许多问题都需要高校从源头入手，解决经济投入不足造成的服务育人功能弱化问题。

（2）对学生成长需求考虑不周

第一，公寓选址不科学。公寓地理环境直接影响学生住宿的心理状态，地理位置决定着公寓的客观环境。部分高校在公寓的选址上忽视了学生住宿的舒适度和安全度，对学生的思想、行为习惯造成了一定的消极影响。

第二，内部设施舒适度低。高校公寓配套设施、空间设计等人性化的细节对高校公寓服务育人功能的发挥有很大的影响。我国高校公寓的建设一般依照2001年教育部颁发的《关于大学生公寓建设标准问题的若干意见》，但是相比国外公寓人均 24～25 m2 的住宿面积来讲，我国高校公寓的空间面积和空间形式都很难满足学生的居住要求。调查显示，41.8%的学生都愿意承担更多的住宿费以提升公寓内部的舒适程度。除此之外，高校公寓内部住宿环境的优化缺少对大学生的真实需求的重视，只做单纯的物质完善无法有效促进育人功能的发挥。

第三，缺乏对学生心理环境的重视。高校公寓中，成员的人际关系、情感交流是提升学生幸福感的主要途径。高校公寓中，群体的心理氛围对整个学生的学习、生活具有十分重要的意义。积极向上的公寓氛围有助于学生养成良好的生活习惯，在学生长期共同生活的过程中，形成积极向上的情绪状态，化解学生由于个体原因造成的差异和矛盾，营造舒适、和睦、团结的公寓服务环境。反之，学生心理环境出现问题将会影响整个公寓组织的良好风气，公寓服务的规范作用、激励作用、渗透作用都无从发挥。

2. 公寓管理理念迭代慢

（1）管理观念陈旧

随着我国高等教育改革的不断深化，学生管理工作面临着许多新情况，学生的整体素质、价值观念、个体需求都有所变化，所以公寓学生管理工作需要不断探索新思路、新制度和新措施，过分追求一致同意和绝对服从的传统管理方式只会导致学生的逆反心理，而减弱公寓服务育人功能。

新时代学生公寓管理理念应坚持以学生为本，从学生的内在需要出发，引导学生树立远大理想，养成良好的习惯，落实"教育、管理、服务"三大主题，加强教育功能和服务功能，确保三足鼎立的良好局面。

结合全面素质教育阶段目标，树立全员育人意识，动员学生公寓中的每一个工作者，为学生成人成才创造良好的条件。在管理观念的更新下，完善公寓管理体制，以适应新的教育和社会背景下学生公寓出现的新问题，高校应引进心理辅导、党团带头等多种办法来提升公寓管理工作，利用互联网技术和管理的有机结合，开辟学生管理的新途径。

（2）缺乏主体意识

大学生是公寓的主人，也是公寓服务工作开展的重要主体，公寓服务工作的开展效果影响着学生的发展。由于高校的传统教育模式，学生往往处在被动位置。高校公寓服务工作的开展更多是从学校或公寓管理人员的角度出发，并没有充分依靠学生、相信学生，无法让学生在被重视中学会自我教育、自我管理、自我提升。因为对学生主体的忽视，学生很难意识到自己在公寓服务工作中的主体地位，他们也认为公寓服务工作的开展和优化是学校和管理人员的事情，很少有学生可以积极参与到公寓服务工作中去，降低了服务育人的实效性。

3. 公寓文化易受到冲击

高校公寓文化是高校校园文化的重要组成部分，与社会文化有着密切的联系。随着文化传播途径增多，传播内容也越来越广泛，传统文化往往受到外来文化的冲击，而其中的一些外来文化与我国的传统文化和社会主义核心价值观产生冲突，扭曲了大学生的意识观念，对公寓服务育人工作提出了挑战。

4. 公寓成员背景差异大

相关调查显示，学生个体对于公寓行为的认同、公寓环境的维护、公寓精神的理解都有很大的差异，个性特征的差异性是影响和制约高校公寓服务工作顺利开展不容忽视的因素。大学生处于身心发展尚未完善的阶段，其世界观、人生观、价值观还未完全定性，具有较大的可塑性，在经历高中的保姆式教育到高校开放式教育的跨越后，个人自主意识逐渐凸显，从而影响公寓服务育人功能的发挥。

此外，处于青春期的大学生的思想和心理都不够成熟，缺乏理性的思考，经历了高中生活和课堂秩序的约束，在公寓中更容易释放自我，造成公寓内部打架斗殴、跟风攀比等低俗文化的盛行。有些学生在公寓中传播负面信息，造成公寓文化内容消极、学习风气不浓、不文明现象严重。这些由于个人道德缺失产生的消极因素增加了公寓服务育人的难度。

5. 公寓网络技术跟进慢

互联网技术持续发展，新媒体日益普及。目前，我国学生公寓对"互联网+"时代的到来还没有完全适应，对媒体传播的利用还较为滞后，公寓网络服务的建设还有待跟进。

互联网的普及虽然为公寓服务育人工作带来了更好的机遇，但在这种形势下，我国高校缺乏的网络管理新机制和网络应用技能将给公寓服务环境带来极大的冲击和挑战。

在互联网时代的大环境下，学生公寓服务育人功能受网络平台的健全程度的影响。若要依靠互联网的优势实现公寓内部的整体优化和提升，就必须提升网络硬件服务器支撑、增加对网络运营的投入成本、完善高新技术手段监管和网络行为规范，遏制公寓网络失范，达到理想的学生公寓智能教育和智能管理，让公寓成员享受信息化的便捷服务。

四、公寓服务育人的发展路径

虽然高校学生服务育人功能发挥仍然面临一定的问题，但是各高校与后勤管理部门已经充分认识到公寓服务育人阵地的重要性，在今后的工作中仍然需要积极加大对学生公寓人力、物力、财力的投入，促进高校学生公寓服务育人功能的良好发挥。

（一）加强公寓条件建设

从对相关的调查结果的分析可以看出，对居住条件的满意度与公寓功能呈正向相关，对公寓的居住条件越满意，公寓的导向功能、约束功能、熏陶功能及创新功能发挥越强。在学生公寓安装空调后，学生在公寓延长学习时间的比例达60%以上，认同公寓设施的配备会对学习产生很大影响的学生达到70%以上。

由此得出，加强高校学生公寓条件建设，提高大学生的公寓居住满意度，是各大高校加强公寓服务育人功能发挥的一个途径。

第一，学校及后勤部门要加强学生公寓软硬件建设。良好的公寓环境有利于积极向上的公寓文化的形成，大学生长期生活在优雅整洁的环境中，能够受到潜移默化的启迪与熏陶。高校与后勤部门需要加大对公寓软硬件设施的投入，改善基础设施，增加人性化设计，提升大学生对居住条件的满意度。除了加大对公寓硬件设施的建设，还需要有配套的软件设施，让居住变得更加温馨。

第二，大学生要发挥主观能动性装点、美化学生公寓。在现有公寓的条件下，充分调动管理者与大学生的主观能动性，鼓励管理者举办改善公寓内部环境的比赛，鼓励大学生开动脑筋、拓宽思路，自己动手美化自己的住所，营造环境优美、团结奋进的良好公寓风气，让大学生在公寓内也能找到"家"的感觉，让公寓文化更好地发挥"润物细无声"的服务育人功能。

（二）健全公寓管理制度

从相关调查结果分析，绝大多数大学生对公寓管理制度持支持态度，为了不断构建更加完善、更加科学、更加规范的公寓管理制度，学校、后勤管理部门与大学生必须共同努力。

第一，健全辅导员考核制度。从学校层面，要鼓励学生辅导员入住学生公寓。从相关调查结果分析得出，大部分大学生支持学生辅导员入住学生公寓。辅导员与学生同吃同住，才能成为大学生身边的指导教师。学校要建立相关配套的考核制度，调动辅导员的工作主动性与积极性，引导辅导员认真思考当代高校学生公寓出现的新情况与新问题，研究新问题，探索新途径。同时，考虑将大学生在公寓内的行为与综合表现纳入评优评先的系统，促使大学生无论在"第一课堂"还是在"第二课堂"都能够严格要求自己，营造良好的学习风气与生活风气。

第二，健全公寓管理制度。后勤管理部门要跟随后勤社会化改革的步伐，与时俱进，实事求是，根据公寓入住主体的特点制订与实际情况相符、能够行之有效的相关管理制度，废除与现实不符或者过时的旧制度。要与学校相关部门相互配合、相互补位，从机构设置方面不断完善，并结合思想政治教育工作来制订完整的机构职责、工作要求等，激励管理者积极主动地发挥"三服务，两育人"的职能。

第三，健全公寓中大学生组织的管理制度。从相关调查中可以得出，成立自我管理的组织或机构与公寓的约束功能具有正相关关系。因此，要完善大学生自我管理与自我服务的相关制度，让大学生组织机构的协调能力、管理能力在公寓中得到充分发挥，不仅可以培养公寓成员之间的团队协作精神，更能够培养成员个体的独立思考、处事应变的能力，让学生公寓成为成员沟通交流、自我管理、成长成才的平台。

（三）加强公寓文化建设

公寓文化是指依附于公寓这个载体来反映和传播的各种文化现象的总和。从相关调查的结果分析，公寓文化的重要指标——公寓学风与公寓服务育人功能发挥有正相关关系，即公寓学风越浓厚，越能够发挥公寓的服务育人功能。由此可以看出，公寓文化对发挥公寓服务育人功能起着至关重要的作用，因此，要大力加强公寓文化建设。

第一，激发大学生的主体意识。在公寓文化建设中，以大学生为本，尊重大学生自身的特性与发展规律，努力提升他们的参与和认同意识，明确大学生在公寓文化建设中主体地位，让公寓文化建设成为自发、自觉的活动。让大学生从自己的层面，努力发挥自我服务、自我管理、自我教育的作用，通过"楼管会"等学生机构协助学校各院系、学生工作部门、后勤管理部门开展工作，建立主人翁的意识，做好沟通桥梁，与学校和后勤管理部门形成合力，更好地发挥公寓的服务育人功能。

第二，规范大学生的网络行为。大部分大学生认同网络会给公寓生活带来影响。学校各部门及师生都应该清楚地认识到，网络给大学生带来了机遇与冲击。网络走入高校公寓是不可避免的，学校与后勤相关部门要在引导、规范、调控网络使用方面投入更多精力，动之以情，晓之以理，让大学生的网络行为更加规范。同时要看到随着信息化社会的发展，网络也能够为和谐公寓文化建设提供有利条件。

网络能够促进公寓管理的科学化、现代化，有些高校后勤管理部门已经在网络环境中推出数字服务大厅与手机服务APP，大学生可以在网络中实现公寓报修、网上点房等服务，使公寓服务变得更加方便、快捷，受到了大学生的喜爱。在建设和谐公寓网络过程中，可以积极引入专业教师参与公寓的网络管理，让公寓网络教育成为课堂教育的延伸与拓展。

第三，抓好两支队伍的建设工作。在工作中要切实抓好公寓管理人员队伍与辅导员队伍的建设。大部分大学生认为公寓管理员的素质能够影响到公寓生活。

对于管理员队伍，要在年龄结构、学历结构等方面不断优化，努力引进服务态度好、知识水平高、综合素质优的管理人员，让公寓管理人员在服务过程中实现与大学生的思想交流。这样不仅能提高工作服务的前瞻性与针对性，也能够为公寓的思想政治教育工作提供支持。而住在公寓中的辅导员，要有责任心、有沟通协调能力、有专业知识、有爱心与耐心，发挥其年龄优势，通过同吃同住的公寓生活，不断缩小辅导员与大学生之间的距离，让辅导员真正成为大学生可以交心、可以信任的良师益友。

五、公寓服务育人的典型案例

（一）创新公寓服务育人模式——清华大学

2008年，清华大学物业管理中心设置了公寓辅导员岗位，肩负学生生活环境保障和生活素质培养的职责。历经多年的探索，学生公寓辅导员的工作内容不断丰富与完善，逐步拓展到生活素质培养、学生队伍建设、学生社区课题研究等方面，引导学生形成良好的文化道德与心理素质，养成健康的生活方式，生活素质培养体系逐渐形成。

依托学生公寓辅导员工作站，围绕学生需求，结合辅导员自身专业特长积极打造社区课堂。自2013年社区课堂开课以来，吸引了上万名学生参加。活动主题主要涵盖心理类、运动类、文娱类、职业生涯类等，并初步探索出社区课堂网络新平台。其中，与校研究生会合作，已成功开展多届"清华缘"研究生交友活动。这个号称清华园"非诚勿扰"的活动已经形成抢票入场的趋势，同学们在这里收获爱情和友谊，也感受到了公寓工作的贴心。

文明离校系列活动中的爱心捐衣至今已开展多年，优秀宿舍评比活动也已举办了多届，与研究生会合作举办的"研究生文化节"让同学们在欢声笑语中回顾清华历史、掌握生活常识和安全知识。各公寓楼开展独特的楼文化活动，每年都评选出10个最受同学喜爱的楼文化活动。学生社区还开展志愿活动，不断探索学生社区共建模式，提升学生的社会责任感。

经过多年的实践与努力，清华大学建立了一支以公寓辅导员为核心的培训队伍，形成了较完善的安全工作体系，系统化开展学生安全教育工作，安全教育内容不断完善。针对新生和高年级学生分别进行安全教育培训，同时建立了一套安全知识测评体系，严格进行考核、考评。自2016年起，清华大学打造"清华家园网新生通道"，让学生在入学前就重视安全知识、提升安全意识。

此外，清华大学创新了公寓育人形式。第一，积极打造学生公共活动空间，包括学术交流空间、自习室、会客室、体育室，面向学生24小时开放，使学生充分融入社区生活。第二，2018年由公寓辅导员作指导教师，成立新媒体工作室。该工作室协助清华大学维护清华家园网公众平台，制作面向全校同学的微信推送，扩大了影响，收到了良好的效果。同时，公寓辅导员积极探索生活素质教育新形式，设计学生社区积分体系，让学生通过社区"第二课堂成绩单"认识自我、完善自我，更加系统地开展育人工作。

（二）打造"文化场馆"——哈尔滨工业大学

哈尔滨工业大学后勤部门坚持"教育者先受教育""传道者自己首先要明道信道"的理念，"因事而化"，不断改进服务形式，增添服务项目，满足学生需求；"因时而进"，制订全年培训计划，定期开展活动学习；"因势而新"，不断优化工作流程和工作模式。为解决与学生生活息息相关的寝室生活难题，举办"匠心服务竞赛"，如清理个别寝室长霉毛现象、对较冷的房间采取措施实现二次保温、对全楼寝室问题查找维修等。学校领导多次强调，要建设研究型后勤，助力学校建设世界一流大学。

学生公寓是"以文化人，以文育人"的重要阵地，后勤部门以"文化场馆"为载体，依据学生需求，打造体验式服务。在这种理念下诞生了"留香阁""游乐居"、跳蚤易物超市、"好望角"电影魅力屋、安全模拟演示馆和党员活动室，形成了良好的学习、生活、娱乐三位一体的住宿环境。这些场馆每学期进行招新，由学生志愿者担任馆长，组织场馆活动，为学生搭建了展示自我的舞台。

此外，后勤部门以"生活技能学习"为实践平台，创建了引导学生"爱生活、会生活"的"优家课堂"。优家课堂分为八大版块，包括化妆与美容、健身瑜伽、青年生活管理、饮食与生活、手工DIY等，现已拥有讲师团几十人，开课100多节，参与学生几千人。其中，"舌尖上的十五公寓"、瑜伽课、"电影魅力屋"等课程被拍成视频发到网上，点击率进入热搜榜的前列。

（三）"楼长妈妈"献爱心——太原理工大学

太原理工大学后勤部门积极倡导后勤管理人员不仅要认真做好本职工作，而且要加强自我学习。后勤员工刘玉花自发学习了社会心理学、应用心理学、公寓管理等方面的专业知识，踊跃参加各类活动以及实践培训，认真把先进的思想贯彻到服务学生的实践中。为了能全面了解学生，她通过各种方式联系任课教师、家长，找学生聊天、谈心，给予学生鼓励，教育学生要学会宽容、大方、珍惜、理解、善待他人、善待人生；在楼内放置"楼长信箱"，设置"心语室"，真正搭起了"服务平台""心灵平台"。

刘玉花的行动不但感动了很多学子，而且感染着公寓中心的工作人员。大家都亲切地称她为"刘妈妈"。在刘妈妈的带领和感染下，渐渐形成了公寓中心"楼长妈妈"这一群体，并在长时间的工作中积累了很高的人气。

走进太原理工大学公寓楼，映入眼帘的就是"楼长妈妈"们为学生提供的"爱心针线""爱心伞"，"安全提示""生活提示""天气预报"等温馨提示随处可见，公寓中心蔓延着"楼长妈妈"的细心服务氛围。历经十多年的培养和发展，"先锋岗""爱家园"已经成为太原理工大学的名片，"楼长妈妈"温暖学子的行为已经成了服务的要求与准则，严在当严处，爱在细微中，诠释了"以人为本、严爱结合"的育人思想，"有难去帮帮，有病多看看，没事多转转"，已经成了"楼长妈妈"的工作信仰，而"楼长妈妈"也已经成了耐心、爱心、敬业、热情的代名词，让学生感受到了学校的关怀和温暖。

第三节 高校后勤服务育人——食堂案例

一、食堂服务育人的主要表现

服务育人指后勤部门在为学生服务的过程中，以热情的态度、文明的风尚和规范的行为，在精神和思想道德上给学生以潜移默化的影响。

在高校食堂服务工作中，服务育人功能具体表现在以下几方面。

一是导向功能。高校食堂所营造的舒适环境、文化氛围对学生起着潜移默化的导向作用，深刻地影响着每个学生的价值取向、道德观念、行为习惯、生活方式。

二是约束规范功能。积极向上、独具特色的食堂活动使学生具有认同感，可以弘扬文明风尚，培养综合能力，约束规范行为。

三是教育功能。富有思想性、知识性、趣味性的食堂文化活动必然会启迪学生的认知观念，陶冶学生的情操，丰富学生的精神文化生活，培养学生的兴趣爱好。

二、食堂服务育人的现状

（一）食堂相关人员自律意识和学生自觉意识不足

素质较高的人才能够促进高校各方面的发展与进步，文明食堂的建设也需要提升相关人员的思想素质，进而为文明食堂的建设提供保障。但是，当前在高校的食堂中存在着许多不文明现象。举例来讲，大多数高校食堂主要存在学生就餐行为失范，负责人员管理不到位，餐厅工作人员在实际操作中缺乏卫生意识、服务态度不好等现象，阻碍了高校文明食堂的建设。这些现象的出现反映出学生和食堂工作人员的思想素质有待提高。

（二）高校食堂文化建设理论不完善

食堂管理部门更多地关注于保障食品安全，忽视了食堂文化建设的重要性。食堂的文化建设远远落后于基础设施建设，二者不能达到同步发展。其中一个重要的原因就是高校在食堂文化建设过程中缺乏相关的理论依据，食堂文化建设理论不成熟，缺乏创新。

三、食堂服务育人的发展路径

为了推动食堂服务育人工作的顺利开展，需要有育人平台作为支撑。有学者认为，育人工作的实施主要从以下三个方面入手。

（一）构建行为育人平台

1. 培养员工的文明礼貌服务行为

员工在开餐期间遵守相关规定，做到衣着整洁、佩戴胸卡、文明服务，让就餐师生有宾至如归的感觉。员工在服务过程中使用文明服务用语，遵守服务规范，热情为同学服务，通过自身行为，培养学生尊重劳动、尊重劳动者的思想。

2. 开展多种形式的育人活动

第一，开展"厨艺走近学生"活动，邀请学生参与精品面食的厨艺制作体验活动，使学生在学习厨艺的同时加深对饮食服务工作的理解和对饮食文化的感悟；培养学生的感恩之心，让学生领悟到食物不仅仅是大自然的恩惠，更是食物生产者辛勤劳动的结晶，增强学生对饮食服务工作的认同感和对劳动者的敬重感。

第二，以"节约"为主题，坚持每年确定一个月开展"光盘行动"。在广大就餐学生中广泛开展节约宣传活动，通过举办签名活动、标语宣传、学校膳监会引导等方式，教育学生拒绝"舌尖上的浪费"，积极倡导勤俭精神、节约精神、绿色精神，共同营造珍惜粮食、珍惜能源的氛围。

第三，结合饮食工作实际，以传统文化为切入点，举办端午节"粽子工坊"体验活动，以及中秋节"专属校徽校训月饼"的制作体验活动，邀请学生参与粽子和月饼的制作体验；邀请文学院知名教授讲授端午文化、中秋习俗，把优秀传统文化的课堂搬进现场，激发学生的爱国精神和民族自豪感，引导学生弘扬和传承中华民族优秀传统文化，教育学生秉承奉献之心和服务之心，同时让学生在日常饮食生活中得到潜移默化的影响。

3. 开展全员全过程服务监督机制

加强食堂服务育人功能，更要重视学生的主动参与意识。高校可以在食堂引进中采用公开招标的方式，师生代表团队共同参与评标，同时发挥师生的监督作用，开展全员全过程监督考核。将学生监督团队以及所有消费者的即时评价作为考评依据，实现了服务质量考评的公开透明。

（二）构建实践育人平台

第一，开设学生劳动实践课。以餐厅为实践场所，为学生开设劳动实践课，让学生在劳动中体味服务工作的艰辛，体味劳动者的伟大，感悟做人做事的道理。

第二，设立勤工助学岗位。为学生设立餐厅管理员助理的勤工助学岗位，锻炼学生的组织能力、协调能力以及应对突发事件的能力。

（三）构建文化育人平台

第一，加强基础设施建设，做好餐厅整体装饰布局和就餐区域布局，突出高校食堂的有形文化氛围。

第二，以就餐者的文明就餐、服务者的礼貌服务来体现高校食堂不断传承的无形文化。

四、食堂服务育人的典型案例

（一）积极举办厨艺大赛——徐州工业职业技术学院

为进一步提高后勤员工的工作技能，提升后勤服务水平和育人能力，经后勤服务管理中心研究决定，徐州工业职业技术学院以厨艺大赛、员工技能大赛等方式举办员工技能竞赛暨"校园美食杯"厨艺大赛活动，具体方案如下。

第一，活动背景。通过举办高校美食文化节活动，进一步拓宽向社会餐饮行业学习的渠道，推进高校伙食供给侧结构性改革，提升高校伙食供给能力、供给质量，更好地满足师生日益增长的特色化、个性化、市场化餐饮服务的要求。在美食文化节举办的同时，本着科学、公平、公正的原则，开展后勤服务管理中心员工厨艺大赛与操作技能大赛，积极推动后勤餐饮服务工作标准化和规范化，努力建设一支一流的餐饮服务队伍。

第二，活动主题，确定为"宣传校园美食，展现后勤风采"。

第三，活动内容及形式，主要包括以下两个方面。

①"校园美食杯"厨艺大赛。在举办美食节的当天，以"继承创新、节约实用、美味健康"为宗旨举办厨艺大赛，大力倡导节约、安全、环保、营养的饮食观念。为伙食工作者搭建一个烹饪技术交流学习的平台，提高饮食服务保障能力以及服务育人水平。

②员工技能大赛。这次高校美食文化节暨后勤服务管理中心员工技能大赛活动方案，结合学校餐饮服务工作的实际共设饭卡打卡技能比赛、窗口服务形象技能比赛（包含满意度测评、服务态度、"一勺准"打菜标准度、服务外在形象四个小项）、保洁人员技能大赛三个比赛项目。

第四，活动宣传，主要包括以下四个方面。

①媒体宣传，宣传部通过校园新闻、微博、微信等报道宣传。

②海报宣传，在校园宣传栏、餐厅门口、餐厅内部张贴活动海报。

③条幅宣传，在各食堂门口及篮球场外悬挂宣传条幅。

④现场报道，由宣传部进行现场照片资料采集。

第五，进度安排，具体如下。

①宣传动员阶段。各餐饮公司应进行广泛动员，进一步统一思想，提高认识，增强员工的责任感和紧迫感；要召开专门会议，安排部署落实，鼓励全体员工积极投身到本次比赛中来。在正式实施之前将填写好的美食节食物种类和各比赛项目报名表交至膳食管理科。

②组织实施阶段。活动期间，后勤服务管理中心活动领导小组办公室负责此项工作的全面组织实施。各餐饮公司负责组织本公司员工做好备赛工作，以日常工作为平台，以竞赛活动促进工作开展，做到工作、竞赛两不误，努力营造良好的比赛氛围。

③总结阶段。活动领导小组办公室按照实施方案对活动项目进行总结，撰写活动总结报告，公布各项比赛成绩，评定最佳组织奖。

④表彰阶段。在图书馆多功能厅召开表彰大会，对活动中获奖的集体和个人予以表彰。

第六，应急预案，具体内容如下。

①活动当天：如遇恶劣天气，室外活动全部改为在室内进行。食堂二楼大厅作为后备场地随时使用。

②物资准备：根据报名情况，原材料等物品比所需多准备5%~10%，以备不时之需。

③人员配备：除了后勤各科室的工作人员外，保卫处相关人员也要在现场协助。伙管会及勤工助学同学作为机动人员服从现场调配。如条件允许，可以增加院学生会同学的协助。

第七，活动要求，具体如下。

①提高认识，高度重视。各餐饮公司要引导全体员工紧密结合本职工作，不断提高他们对开展本次员工技能比赛活动重要意义的认识，明确岗位练兵技能比赛活动的内容、目标和要求，落实层级负责制，不断增强参与的自觉性、积极性和主动性。

②形式多样，突出重点。各餐饮公司采取"正常工作和比赛合一"的模式，练中干、干中练，做到比赛和工作两不误、两促进；要分门别类，组织开展好技能比赛活动，推进比赛活动的深入开展。

③注重实效，提高水平。各餐饮公司要针对日常工作实际，有针对性地采取灵活多样的训练形式，努力在提高工作水平、解决餐饮服务的实际问题上下功夫，确保比赛活动取得实效。对在比赛活动组织工作和竞赛中成绩突出的餐饮公司和个人予以表彰、奖励；对于弄虚作假和不能完成比赛任务的，取消餐饮公司所有项目的评优资格。

④友谊第一，比赛第二。各餐饮公司员工要遵守比赛秩序，讲究卫生，注意仪容仪表和言谈举止，公平竞争，赛出水平，赛出风格。

（二）建设高颜值育人食堂——南华大学

南华大学的致远园食堂被广大师生誉为高颜值"育人"食堂。"高颜值"是致远园食堂改造后的一大亮点。食堂装修设计力求创新，改变了以往传统的餐座模式，完善了中央空调、KTV、卡座、吧台等设施，打造成了集潮流、时尚、文化为一体的现代"高颜值"食堂。精致的装修、舒缓的音乐、橙色为主的暖色调，使学生一踏入食堂便被温暖的气息环绕。

"育人"是致远园食堂的另一大亮点。食堂一、二楼大屏幕电视实时更新放送校园动态、生活常识、文明礼仪、社会实事、社会核心价值观等内容,方便学生在排队取餐和入座就餐的空隙了解校园动态和社会实事,实现最优化管理。

以上两大亮点让致远园食堂人气爆棚,广大师生对新食堂赞不绝口。后勤饮食服务部曾主任谈到食堂,认真地说:"吃、穿、住、行中吃是第一位的,致远园食堂的装修档次、用餐环境、饭菜水平可以说居于全省前列。未来五到十年,我们会陆续进行多方面的提质改造计划。为学生们多考虑、多着想,为学校建设做贡献,争创一流饮食,争创一流后勤,这是我们后勤人员的追求。"

全新的致远园食堂优化了学生的用餐环境,提升了学生的用餐品质,提高了学生的用餐热情,增强了学生对校园的认同感和归属感。食堂的"高颜值"和"育人"两大特色,是南华大学颇具影响力的校园名片,体现了后勤服务中心的服务宗旨,有利于营造良好的校园氛围。

(三)加强食堂文化建设——中南大学

学生食堂是师生们一日三餐的生活场所,不仅担负着为师生提供物质食粮的重任,也肩负着为师生提供精神食粮的功能。中南大学饮食服务中心联合建筑与艺术学院共同探讨饮食文化建设,根据各个食堂的实际情况,结合饮食文化建设的要求,对湘雅食堂、南校区八食堂的餐厅灯箱、大厅文化牌进行了设计、安装。走进南校区八食堂和湘雅食堂的同学发现,食堂和以前不一样了,灯光明亮,色彩斑斓,让人赏心悦目,食堂的氛围也让师生们就餐的心情更加愉快了。

以勤俭节约、文明有序、安全健康以及审美为主题,在食堂环境建设上充分注入校园文化元素,让勤俭节约从食堂开始,倡导学生理解"盘内一分钟,厨内更多工"的内涵,懂得珍惜粮食,远离浪费,养成勤俭节约的良好习惯;让学校文明从食堂开始,文明礼让、有序就餐;让健康饮食从食堂开始,通过文化建设等手段向学生传达健康的饮食知识,培养学生健康的饮食习惯;让安全卫生从食堂开始,"民以食为天,食以安为先",提高学生饮食安全意识;让色香味美从食堂开始,发挥培养学生感受美、体验美、发现美的审美教育作用;让学生食堂上升到一个更高的文化层次,让师生在就餐过程中不仅能感受到食物的美味,更能感受到知识、文化的熏陶。

(四)创新饮食工作,彰显育人效果——长江师范学院

一直备受师生关注的饮食工作,是长江师范学院服务育人的重要内容。后勤

集团大力加强在食品安全、卫生、服务质量等方面的管理工作。

做好饮食工作的基础是确保食品安全卫生，饮食中心按照法律法规和制度要求，规范食品的卫生，制订安全制度，确保师生饮食放心安全。学校后勤服务集团在管理机制层面成立了食品安全卫生监管部和食品质量监管部，从各个基础环节入手，对食品的采购运输、清洗加工、售卖服务进行层层监管，加强过程监督管理，做好检查记录，及时纠正问题，不断筑牢食品安全卫生防线，建立及时有效的常态化机制。为了强化员工的安全卫生意识、提高员工的安全卫生责任感，后勤服务集团定期召开食品安全卫生工作会议，提升员工的自觉性，努力为师生员工提供安全卫生的食品，树立牢固的安全卫生意识，受到师生的一致好评。

做好饮食工作的重点是加强沟通交流，饮食中心正在着力建设微信公众平台，设置"员工服务评价""菜品评选""家乡美食推荐""订餐点餐服务""投诉及建议""健康饮食知识""服务育人活动"等功能模块，通过运用新媒体，畅通交流渠道，主动贴近学生，及时收集和回应学生的意见，满足学生个性化、多样化的饮食需求。通过新平台的应用，学生有渠道表达诉求，饮食中心能及时了解，上下通达。只要做好沟通工作，就能减少矛盾，为学生提供更好的服务。

做好饮食工作要不断丰富食堂的新菜品。比如，北苑大众食堂对开发学生食堂新菜品方面颇有收获，推出的"红糖馒头"深受学生的好评；南苑大众食堂通过前期的试点观察发现快餐窗口有很大的发展空间，新增设的快餐窗口运营状况也很不错。为满足师生员工的味蕾需求，通过收集整理师生员工通过微信公众平台上传的建议和意见，不断改进食堂工作并开发和推出新的菜品。通过平台的交流使学生在就餐中得到了文化的熏陶，实现了对学生的教育功能。

第四节　高校后勤服务育人——绿化案例

一、绿化服务育人的主要表现

随着生活水平不断提高，人们不再仅仅满足于室内空间的装饰美化，而将眼光更多地投向周围生活环境的改善和美化。学校是教书育人的地方，对人文环境和自然环境的要求更高。

在优化校园绿化的过程中，其育人功能主要表现在以下五个方面。

①校园绿化可培养学生的人文素质。校园绿化环境对学生人文素质的提高有

着重要的作用，自然环境优美及周边环境的开放与繁荣能使学生更容易吸收外来的文明成果。

②校园绿化可培养学生的责任意识。不少大学生认为学习是硬指标，日常的行为则是软指标。他们缺少的不是理论而是素质。环境理论观强调，环境不仅是当代人的，而且也是未来人的，未来人与当代人具有同等环境的使用权。所以当代人对未来人能否拥有与当代人基本相同或更好的环境条件具有重要的责任。为更好地培养学生的责任意识，大多数高校都采取劳动的方式锻炼学生。在实践中，学生戴上袖标上岗，对不文明行为如随地吐痰、乱扔杂物、践踏草坪、乱写乱画、损坏公共设施等进行监督的同时，也增强了他们的环保意识和责任意识。

③校园绿化可培养学生的自我约束力。优美洁净的校园环境常会给人一种震撼感，对个人或群体的行为有着自觉或不自觉的约束作用。环境理论的基本原则认为，人们要尊重地球上一切生命物种；尊重自然生态的和谐与稳定；顺应自然地生活。其中，顺应自然生活是最重要的，是指从自然中学习到生活智慧而过一种有利于环境保护和生态平衡的生活。也许，每个人都有过这样的体会：当我们进入某个高档次的休闲度假场所时，在芳草满地的度假村里，你不会随意践踏草坪、乱扔纸屑。我们也经常看到在校园里学生手握纸团找到垃圾桶才扔的事情，这就是好的绿化环境给人一种自然的约束力的体现。

④校园绿化可提高学生的学习效率。谁都想拥有一个空气清新、气候宜人、舒适宁静的绿色环境。良好的校园环境让学生在学习时心情愉快、身心健康、头脑清醒，从而提高了学习质量和学习效率；校园纪念堂馆、名人丰碑、历史文化、人文景观以及丰富的生态植物种类对学生也起着潜移默化的教育作用。

⑤校园绿化可提高学生的审美能力，开发智力。校园的绿化美化作为一门现有的审美教材，更具生动性、真实感。通过绿化、美化，把建筑物、山水、植物等要素有机地融合为一体，把自然美与人工美和谐地统一起来，构成一幅优美的立体画卷。学生在感受各种植物组合搭配的艺术景观，欣赏通过养护手段创造的各种植物造型中，产生艺术追求的价值取向，形成独特的审美观，有助于观察力、想象力、思维力和创造力的发展。

除此之外，校园绿化还有一个重要功能，就是借助绿化活动，促进学生对校园美化的参与行为，提升学生的参与度。引导学生积极主动参与到校园绿化中，不仅是学生发展的需要，更是学校管理规定的重要要求。现有诸多实践已经表明，引导学生参与校园绿化，是校园绿化活动开展过程中的重要关注点。

劳动，历来是我国教育关注的重点，更是校园绿化育人功能的重要体现。现在的学生处于新时代背景下,劳动强度已经远远低于过去的时期,劳动观念、劳动技能已经出现退化倾向。帮助和引导学生参与校园绿化,不仅仅是对学生劳动意识的培养,更是对学生劳动技能的养成,其功能较大,可在一定程度上让学生在绿化实践中感知劳动的快乐,进而借助这种积极体验培养学生的劳动意识和劳动能力。

二、绿化服务育人的现状

(一)学校未能积极引导学生参与校园绿化

学生是校园的主力军,他们也应该加入校园生态绿化建设队伍中。然而,学校似乎并没有鼓励学生也积极参与到校园生态绿化活动中,仅仅是用一些"不痛不痒"的标语来加强学生对这方面知识的认识,并不能真正地发挥出作用。有些学生随手乱丢垃圾、随意摘花断枝,虽然他们可能并不需要在校园内植树造林,但是他们必须要学会保持校园环境的整洁、爱护校园内的花草树木,间接性地为建设校园生态绿化做出贡献。

(二)校园生态绿化建设目标不够明确

建设校园生态绿化已经成为所有教职员工达成的共识,通过开展一系列的环境育人活动还可以帮助学生认识到他们应该承担的责任和义务。事实上,建设校园生态绿化也是新时代赋予我们的神圣使命,也是教育工作应该完成的基本任务。

但是,很多学校在校园生态绿化建设过程中并没有明确的指引目标,最终导致校园生态绿化建设失去了本心,变成一个个形象工程,不仅造成了资源的浪费,而且也不能取得理想的效果。

三、绿化服务育人的发展路径

(一)科学构建绿色德育体系

高校后勤保障部可以将校园绿化建设资源作为教育资源,引领学生走进绿色世界,培养绿色心灵,从树立远大理想和抱负出发,引导学生树立正确的世界观、人生观、价值观。

高校可以举办"银杏文化节"等传统经典活动,然后通过学校官方微博发起互动话题,吸引更多的人次参与话题讨论,引导大家晒出更多的植物美图或微视频积极参与活动。

在校园整体景观打造中，着重强调打造特色化、个性化的校园生态人文景观。这些人文景观配合已有的乔灌木、草本、花卉三个层次能更丰富学校的内涵，让其环境育人的精神得到体现。通过人文熏陶，提升学生的自豪感和荣誉感，引导学生树立远大的目标和志向，培养学生爱校爱国的情怀，让绿化服务育人的精神得到体现。

（二）创造寓教于景的校园绿化环境

人类与花草树木一样，是大自然的产物。人的生命与花草树木存在某种契合关系，某种程度上可以实现情感的沟通和思想的交流。所以，古今中外有很多借植物抒发情感，以植物比喻人格的文学作品。学校在环境建设和改造中体现出的思维方式和人文关怀，会对学生产生影响。

1. 将封闭绿地改为开放格局

人的精神状态和行为方式会受到环境的影响，优美的校园绿化环境可以舒缓人的情绪、释放人的压力。学校的校园绿化前期建设中，很多绿地都以灌木封闭，与学生毫无交流，起不到景观绿化应有的效果。后来，多数封闭地块被改造为开放式的。这样一来，就为学生提供了可以亲近绿地的条件，有利于舒缓学生的情绪，有利于学生创新思维的发展。

2. 在封闭树林间设置小径和平台

树林除了美观外，还有隔音、遮阳、吸尘的基本功能。学生徜徉在林间小道或驻足于林间平台，能安神定志。学校可以将教学楼边、体育场旁原本封闭的林区改造成散步休憩的场所，供学生学习、交流和休闲。轻松宜人的环境对激发师生的创造力具有一定的作用，同时是寓教于景的一种体现。

四、绿化服务育人的典型案例

（一）以校园之绿，育学子之心——临沂大学

临沂大学后勤管理处紧抓校园绿化工作，着力做亮主轴线，做优核心面，以便更好地绿化和美化校园，为全校师生提供良好的学习工作环境，达到管理育人、服务育人、环境育人的目的。

为努力打造一处一景的效果，绿化工作主要从增加品种、提升质量、提高观

赏性上下功夫。在品种上，第一次引种了高干红叶石楠、四季青草坪等花草树木种，使学校的树种由原来的220种增至230种，重点围绕学校主干道、国旗杆周边、图书馆两侧及科技大楼周边进行精细化的改造提升，安装了一套自动喷灌系统，150个喷淋头全覆盖。使学校重点部位的绿化层次显著提升，达到了"三季有花、四季常绿"的美化效果。

临沂大学后勤管理处广泛联系，动员社会各界及全体师生积极参与绿化工作，共同美化校园，增强植树造林、爱护环境的意识。临沂大学与市林业局、临沂琅琊网等单位共同举办了以"相约绿色、扮靓春天、你我共行"为主题的公益植树活动，校团委组织青年志愿者在学雷锋活动月期间，利用周末时间开展义务劳动，在学校青年林捡拾2 000多平方米的碎石，同学们用自己的实际行动为美化校园做出积极贡献。

另外，在做好绿化项目的同时，临沂大学校园环境其他提升工程也相继展开。修建改造机动车、自行车停车位10 065平方米，修建羽毛球、乒乓球场地各一处，建设修读点500平方米，维修人行道6 500平方米。伴随着各项精品景点工程的打造，校园环境将有较大提升，功能设施将更加完备，确立了景观建设要与校园文化及办学特色相适应的思路，景观建设要体现绿色生态和以人为本的理念，牢固树立精品意识，真抓实干，不断创新，使校园环境迈上一个新台阶。

（二）打造生态校园，构建育人环境——长春师范学院

现在，生态校园建设已初见成效，长春师范学院校园的绿化，不仅实现了绿化、观赏、休憩、防护等传统功能，而且向再现自然景观和生物多样性等综合功能过渡，以人为本的和谐校园建设已成为长春师范学院的追求目标。

几年来，学校以"校园精品化，环境人文化"为校园环境建设的目标，加大绿化美化力度。现在，高大明亮的教学楼、设施一流的实验楼、技术领先的实验大楼、整洁有序的办公楼、干净宽敞的林荫大道、高档大气的标准塑胶操场、碧草如茵的大面积草坪……这些洋溢着现代化气息并带有浓厚文化底蕴的设施相继落成并投入使用，大大提升了长春师范学院的现代化品味。登高远眺，整个校园掩映在一片森森秀林之中；漫步校园，高处树林荫翳、光影参差，低处绿畦满园、花草竞芳。整个校园的景物布局合理、错落有致。住在校园内，无须晨钟响起，鸟儿自会唤你起床；无须暮鼓敲响，花香自会伴你入梦。坐在窗明几净的教室里，闻着这沁人心脾的幽香，聆听师长语重心长的教诲，心中自会油然而生一种勃勃

向上的激情，一种为美好人生、为理想积极拼搏奋斗的力量。这里已经成了学生的读书圣地，成了陶冶情操的天堂。

最近几年，长春师范学院采取"园林专家、职工、科研干部"三结合的方式，聘请了吉林农业大学植物学、园艺学教授为校园绿化顾问，专家们设计出常绿落叶搭配、速生树种和慢生树种共同运用、乔灌和地被草相结合的校园绿化植物栽种方案，以形成"春有绿、夏有花、秋有果、冬有彩"，季相分明、层次丰富的校区园林景观。

经过近几年的努力加之以前的积累，校园绿化初期建设基本完成并独具特色，具体表现如下。

植物种类繁多，有种子植物15科30属100多品种，校园植物几乎涵盖了吉林省境内植物绿化树种的各种门类；植被覆盖率高，绿化面积已达可绿化面积的38%以上；植物观赏性强，同年可看之花有10多种，可结果并具观赏价值的植物有8种，赏叶植物遍布校园。学校通过引种、驯化数十种长白山阔叶树、花灌木以及地被植物，不但起到了绿化美化的作用，同时也把校园变成了园林、植物学专业的"大教室"，给长春师范学院生物专业学生的实习带来了方便。大量引进的新、奇、特树木品种，包括金丝柳、垂枝连翘、红王子锦带等植物，使校园逐渐成为特色鲜明的主题园、标本园。

最近两年，长春师范学院对全校树木进行了细致、系统的普查，给校园内各类树种加挂了介绍植物的特性、生长环境等一些基本知识的标牌，这些校园植物"名片"不仅为观赏者、学习者提供了方便，也增添了校园文化氛围和学术气息，使长春师范学院的校园景观成为学生认知自然的教育基地的特色更加鲜明。长春师范学院的园林绿化建设不仅是改善学校生态环境、美化校容校貌的一项有效措施，推动着整个学校的可持续发展，而且在陶冶广大师生情操和提升学生人文化素养方面发挥着越来越重要的作用，已成为长春师范学院"一流师范大学建设"中不可或缺的重要组成部分。

如今的长春师范学院校园绿化更加注重人性化和烘托师范类高等学府独有氛围，凸显自身的特色和形象。校园绿化建设是高校建设的重要组成部分，是提高师生和员工生活品质、丰富生活内容不可缺少的；是提高教学质量、改善育人环境、发展教育事业的基本条件，也是高校服务育人的重要组成部分。它是一项社会公益性事业，不以直接生产商品、赚取利润为特征，而是追求环境效益、社会效益。因此，学校领导十分重视、支持校园绿化工作，在后勤社会化改革的今天，这就要求我们的校园管理工作者在工作中不要等、不要靠，要用实际行动去赢得领导和师生的认可，用行动宣传自己，积极主动地做好领导的参谋，只有这样才能把我们的工作做得更好。

长春师范学院长期的师范教育文化积淀，形成了浓郁的"德高人之师，学高人之范"的校园文化氛围。高校校园文化的发展和繁荣是和谐校园的一个重要特征，对于促进和谐校园的形成具有不可替代的作用。先进的校园文化既包括浓厚的学术氛围、丰富的文化生活、和谐的人际关系、文明的生活方式、良好的校园环境、共同的价值取向，还包括学校的校容校貌、校园建筑特色、校园绿化美化程度、教学科研设备水平，等等。师生员工既是校园文化建设的主体，也是校园文化建设的客体；既是大学文化的创造者，又是大学文化的接受者。我们要建设和谐的长春师范学院校园文化，就要坚持用大学文化所蕴含的人生信仰、道德观念、审美情趣等丰富多彩的文化因素去引导师生员工共同建设高尚、健康、文明的校园文化。这对于活跃校园文化、弘扬长春师范学院的精神、彰显长春师范学院的文化特色，具有十分重要的意义。

长春师范学院依山傍水、绿树成荫，校园绿化覆盖率达到38%以上，生态怡然，环境优美，是莘莘学子读书成才的理想场所。我们要教育广大师生爱护校园，学会正确处理人与自然的关系，培养现代生态人格和生态精神。创造人工和自然相和谐的绿色校园，编织科学与自然的空间，营造人与自然和谐共存的生态环境。在生态化校园建设的物质层面，师生要树立"生态平衡"观念和"环境保护""资源节约"意识，以神圣的体悟敬畏自然，以诗性的智慧热爱自然，以"栖居意识"顺应自然。

近年来，长春师范学院在环境教育和环保实践工作方面加大了力度，生态教育和环保活动开展得比过去更普遍，绿化、美化、净化工作呈现出新的进展态势，"绿色"思想逐步深入人心。学生的环境意识、良好的环保习惯和行为正在形成。学校还为学生开设了"环境、社会与人"等选修课程，学校教研室还组织举办了"人口与环境""自然资源与环境保护""我们共同的家园——地球"等专题讲座，增强了广大师生的生态环境意识。广大教师应成为建设生态化校园的宣传者、实践者和率先垂范者。只要我们坚持不懈，讲究实效，坚持"环境保护、教育为本"的方针，继续深入开展学生绿色环保教育活动，不断提高师生的环保意识，创造良好的育人环境，就能营造出浓郁、温馨、和谐的校园生态氛围。

第五节　高校后勤服务育人——学生工作案例

一、学生工作中的服务育人理念

高校学生工作的主体是学生，高校辅导员的主要工作应当围绕着学生成长进行。在教育过程中，如何让学生个人获得最大成长、如何充分发挥学生的主观能动性是高校管理人员在服务育人过程中所必须考虑的重点。

为了更好地将服务育人贯穿于学生工作全过程，辅导员应当转变自身的管理理念，坚决遵循教育规律，在服务中加强思想教育。例如，应当加强对于学生学业的指导，帮助学生顺利完成四年学业教育，同时引导他们到祖国最需要的地方去锻炼，增加社会基层工作经验。

高校学生工作要把解决实际问题与解决思想问题结合起来，围绕学生、关照学生、服务学生，把握学生成长成才的发展需要，提供靶向服务，增强供给能力，积极满足学生学习中的合理诉求，在关心人、帮助人、服务人中教育人、引导人。

二、制约学生工作发挥服务作用的因素

（一）传统育人理念根深蒂固

在大学之前的教育阶段，教师扮演着管理者的角色，学生对教师存在敬畏的心理。到了大学阶段，学生对于教师的敬畏心理依旧存在，这就导致学生工作者不能全面地走进学生的内心去了解学生、教育学生、引导学生。而一些学生工作者在面对学生时没有以学生为本，没有切实加强服务学生的意识，依然沿用管教式、说教式的工作模式，很可能造成学生迷失自我，阻碍学生个性化发展。

（二）学生工作服务意识欠缺

高校学生工作者的服务能力直接决定了高校服务育人的水平。一方面，高校学生工作者队伍趋向年轻化，而学生工作牵扯的事情多而杂，大多数学生工作者往往只注重处理事情的量，而忽略了处理事情的质，自然就会忽略服务育人这一理念。另一方面，学生工作者往往在一线接触学生几年之后就会转向教学岗、行政岗、技术岗等，这在一定程度上也使得学生工作的良好经验得不到好的传承与

积累。传统的工作模式和工作方法已不能满足学生工作的实际需求，而学生工作者短时间内缺乏必要的培训及能力储备，能力缺陷日益显露。

三、学生工作精准育人质量提升措施

（一）完善高校学生管理制度

学生管理制度是学生日常行为规范的总则，是学生合法权益的保障，也是培养德、智、体、美、劳全面发展的中国特色社会主义建设者和接班人的保障。高校应坚持依法治校、科学管理，健全和完善学生管理制度，将管理和育人相结合；贯彻落实《普通高等学校学生管理规定》，构建"1+X"体系，完善学生学籍学业、日常行为规范、学校资助政策、心理育人政策、群团制度、就业双创政策、后勤服务等方面的规章制度，鼓励和支持学生自我管理、自我服务、自我教育和自我监督；坚持以学生为本，在充分调研的基础上出台学生管理制度的相关文件；探索建立学生诚信档案制度，促进学生全面发展，提高学生的社会适应能力和竞争力。

（二）积极打造互助发展平台

第一，打造有效的朋辈互助平台。朋辈没有年龄、心理的隔阂，没有上、下级之间的距离感，相互的感染力更强。朋辈间通过共同的兴趣爱好、共同的学习、共同的活动等来影响彼此的思想政治素养、思想道德水平、知识技能等，朋辈的指导和帮助更为有效。

第二，打造精准的学生成长委员会平台。自我成长与发展委员会平台是真正以学生为本、围绕学生需求、满足学生诉求、实现学生自我发展的学生自治平台。自治学生成长委员会下设学生管理与服务中心，实现管理育人和服务育人；设学风建设中心，实现课程育人和科研育人；设心理健康与资助中心，实现心理育人和资助育人；设社会实践与职业发展中心，实现实践育人和组织育人；设新媒体中心，实现文化育人和网络育人。

（三）加强辅导员和导师队伍建设

辅导员是组织、实施、指导开展学生工作的基础力量，一支觉悟高、业务精、纪律严、作风正的辅导员队伍是全面提升学生工作质量的坚实基础。高校要将辅导员队伍作为教师队伍和管理队伍的有力补充，依据国家相关文件要求，落实辅

导员的配备、选聘、发展、培训、管理和考核，细化辅导员队伍的建设与管理办法，不断提高辅导员队伍的专业水平和职业素质。

本科生导师是学校实现教书育人有机结合、培养全面发展人才的有力载体。高校要实行本科生导师制，严格导师工作要求，提升导师工作待遇，明确导师职责要求，充分发挥导师在杰出人才培养中因材施教、个性化指导、精细化教育的作用。

四、学生工作中服务育人的典型案例

（一）星级寝室评比显成效——南昌大学

为了打造健康向上的寝室文化，充分发挥公寓文化的育人功能，开展丰富多样的寝室文化活动，南昌大学积极开展公寓文化艺术节活动，开展了全校学院公寓示范楼栋建设。

南昌大学利用评比奖励的方式引导学生营造良好宿舍环境。每周对学生寝室进行检查，每月进行评比，指标包括室友关系、内务卫生、学生精神面貌等，80分以上得一颗星，五星级寝室需要全年每个月都得到一颗星。三星级以下寝室为不合格，寝室成员将失去评先、评优、入党、保研资格。此举对于营造寝室文化氛围，促进寝室文化建设，增进室友之间的感情起到了十分显著的作用。

为发挥学生的自我管理作用，后勤部门成立了南昌大学学生公寓委员会及学生文明纠察队，每年在全校选拔多名学生参与到学校公寓管理服务和文明建设活动中来，多年来也使近几千名优秀毕业生得到锻炼成长。

（二）积极搭建互动平台——淮阴师范学院

为了表达对后勤一线员工的尊重之意和感恩之情，淮阴师范学院举办了爱心捐赠暨义卖互动活动。该活动以"爱心源自你我他，感恩身边后勤人"为主题，通过师生捐献出来的手头闲置的一些小物品，以义卖的形式将爱心所得购买一些护袖、手套、帽子、护手霜等劳保用品，献给后勤一线的宿管人员和保洁阿姨。活动中，后勤一线员工们默默无闻、无私奉献的精神展现在了学生眼前，他们无惧寒风，不畏酷暑，不用教鞭用扫帚，不用粉笔用抹布。他们虽然没有三尺讲台，但偌大的淮师校园每一个角落都是他们挥洒汗水、辛勤耕耘的精彩舞台。他们用自己的方式桃李满天下，用自己的默默无闻和无私奉献诠释了服务育人的神圣职责。

第六章 高校后勤服务育人的实践

　　书籍、本簿、挂件饰品、迷你电器、箱包、杯具等物品在短短一周的时间内捐赠达到1016件，互传互达，热情参与，体现了学生响应活动的积极性。在此期间也出现了一幕幕感人至深的场景，在人头攒动的映月湖义卖广场，同学们利用短暂的课间休息时间，将之前未来得及捐赠的一件件可爱的小物品从四面八方带至现场。后勤的员工们利用休息时间奔赴义卖现场，为义卖学生送去饮用水，并协助学生整理物品、清理现场，师生互动，爱在传递，爱在流淌，爱在传扬。炎炎酷暑下，物业服务中心的员工为义卖活动搬桌椅、搭帐篷，宿管阿姨像对待自己的孩子一样给学生递上纸巾，为挥汗如雨的义卖学生擦去满脸的汗水……

　　活动中，人潮涌动，络绎不绝。在热闹非凡的映月湖广场，爱心者一次次将心仪的物品买走，捐赠者一次次将捐赠的东西拿来。活动的开展使淮阴师范学院的莘莘学子充分了解、体会、学习了后勤工作人员无私奉献的精神、默默无闻的服务宗旨、辛勤耕耘的品质，促进了校园文化建设，提高了校园文化品质。

第七章　高校后勤服务育人的对策

对于高校后勤来说，服务是根基，育人是根本。我们应认真研究在后勤改革的新情况下，如何更好地实现后勤服务育人功能，提高后勤服务育人的地位，为高校培养人才做出贡献。

第一节　高校后勤服务育人的必要性

一、加强服务育人是高校后勤工作的重要职责

高校后勤就是要为教学、科研以及师生生活提供服务和保障。这是后勤工作的基本职责和核心任务，也是高校后勤的地位所在。在国家教育部门提出高校后勤"三服务、两育人"的宗旨后（"三服务"即为教学服务、为科研服务、为全校师生服务，"两育人"即管理育人、服务育人），后勤的服务育人功能被提升至一个重要的高度，成为高校后勤的一项重要职责。高校后勤只有真正把"三服务、两育人"的宗旨落到实处，才能更好地完成服务保障工作，履行好育人职责。

高校后勤服务育人并不是空洞的宣传口号和抽象的工作原则，而是高校育人工作的重要组成部分，有着丰富的内涵及现实意义。它以后勤服务为载体、为依托，以育人为出发点及归宿，已成为新时期高校后勤工作的宗旨和社会化改革的方向。后勤育人的实践使广大后勤职工对后勤工作的认识和从前相比产生了质的飞跃，强化了后勤员工的主人翁意识，使其认识到后勤工作不是简单的事务性工作，而是一种可以创造社会价值的劳动。后勤工作人员和学校教师、党政干部一样，也能成为教育工作者，也都担负着为国家和社会培养合格人才、促进大学生全面发展的神圣使命。因此，后勤服务育人的理念极大地增强了后勤职工的工作责任感、荣誉感和使命感，使他们更脚踏实地、无私奉献，有力地推动了高校后

勤的进一步发展。后勤服务育人的实践还进一步密切了后勤员工和学生的关系，将单纯的服务与被服务的关系转化为朋友关系、师生关系，从而能够以一个师长和长辈的身份来关心、帮助学生。同时，学生会逐渐地以对待教师、长辈那样对待后勤员工，支持他们的工作，尊重他们的劳动，从而在双方之间形成一种团结互助、民主平等、亲密无间的新型关系，有利于后勤工作的顺利进行。同时，后勤服务育人对后勤队伍自身建设也提出了更高的要求，后勤领导成员积极地更新观念、带好员工、搞好服务，后勤员工也都虚心学习、不断提高自身素质、积极提供优质服务，切实地把育人目标深化到高校后勤工作的全过程，从而推进高校后勤工作再上一个新台阶。

二、加强服务育人是以生为本理念的体现

以生为本、服务学生是高校的重要办学理念，而要在具体教育过程中展现办学理念，切实帮助大学生实现全面发展，就需要高校提升服务育人能力。在教育信息化环境下，只有提升服务育人能力，大学生才能有效抵制各类不良思想价值观和生活习气的冲击和腐蚀，在日常学习生活中保持良好习惯，最终成长为坚定"四个自信"的时代新人。

第一，高校提升服务育人能力才能有效推动大学生自我价值的实现，才能实现育人的最终目标。高校应关注大学生个体，在完善各项服务的基础上帮助大学生在信息化背景下明确自身价值和成长方向，并鼓励大学生在学习基础上形成正确的思想价值观，既增强教育实效，又展现服务育人价值。

第二，高校只有提升服务育人能力，才能有效关注大学生的情感发展，体现服务育人的全面性。大学生的情感思想对其学习生活产生着重要影响，只有关注大学生的情感发展，在教育和服务过程中给予应有的人文关怀，通过宿舍文化、后勤服务等满足大学生的情感需求，才能有效体现服务学生的办学理念。

在教育信息化背景下，大学生的思想情感更为活跃，他们更习惯通过网络途径表达情感、发泄情绪。这就需要高校服务者密切关注大学生的情感变化，从线上线下全面把握服务资源，切实帮助大学生得到情感满足，并以此为大学生更好地接受教育服务、实现全面发展奠定基础。

三、加强服务育人是建设和谐校园的必要保障

和谐校园建设是以校园为纽带、各种教育因素相互协调优化的一种育人氛围，也是一种以协调发展为核心的素质教育模式。它要求学校各相关子系统协调

运转，校内教育和社会及家庭教育形成合力，使学生、教师和学校达到全面和谐发展的状态。和谐校园的构建是一项复杂的系统工程，需要从多方面进行探索和实践。和谐校园包含人、事、物、情和景五个元素，只有五个元素和谐，才能实现和谐校园。其中，人的和谐是关键，人的和谐决定了校园的和谐；事的和谐是核心，学校事业发展得越好，对和谐校园的建设就越有利；物的和谐是保障，这里所讲的物是指学校的物质保障，也包括隐性的管理制度等，它们是学校正常运行和发展的直接保障；景的和谐是窗口，是感知校园文化的窗口，师生的精神面貌、校园的美丽景色、生动活泼的教学活动，都是展现校园和谐的窗口；情的和谐是基础，其他四个元素的和谐，都以情的和谐为基础。

以上这些都离不开后勤对学校的保驾护航，也与后勤服务育人密不可分。加强高校后勤服务育人，有利于增强后勤的物质保障能力，有利于增强学生对学校的感情，有利于增进干部、教师和学生的关系，有利于校园环境的优化，有利于优化后勤部门同教学、财务、人事等部门之间的联系，实现学校教育各个子系统和要素之间全面、协调地发展，从而推进和谐校园建设顺利进行。

四、加强服务育人是高校适应教育变革的有效推手

互联网信息技术的发展带来了社会生活的变革，在教育领域也引发了信息化变革，在此背景下高校需要提升服务育人能力，以适应教育变革的需要。一方面，新时代教育更注重大学生的个性化发展。在教育信息化变革中，大学生的主体地位更为重要，且由于大学生对各类信息技术的熟悉，其在教育过程中的主观能动性能得到了较大程度的发挥。高校只有提升服务育人能力，才能尊重大学生在校园教育中的主体地位，并从教学、图书馆、后勤等服务中把握大学生特征，寻求多种形式的服务以满足大学生的学习和生活需求。另一方面，提升服务育人能力还能推动高校教育信息化变革的顺利开展。以信息技术为支撑实现服务育人能力的提升，高校将更关注大学生发展的全面性，改变之前重成绩、轻能力、忽视素质的教育理念，并为大学生提供全面系统的服务，发挥各类服务的育人作用，使高校在以大学生为中心的基础上实现新时代教育变革。如此，教育信息化变革与高校服务育人能力便可在互相影响中实现共同进步，达到更高、更有效的发展目标。

五、加强服务育人是高校后勤改革发展的客观要求

后勤社会化改革以来，我国高等教育发展取了巨大成就。在改革中，高校后勤都完成了从"行政模式"向"市场模式"的转变。比如南京工业大学后勤体系

在2001年完成后勤社会化改革，后勤工作分为甲方和乙方，甲方是代表学校行使监管职能的管理部门，乙方具体实施后勤服务。社会化改革以后，作为乙方的后勤服务实体自负盈亏、独立核算，必然要追求一定的经济利益，这将会导致为师生服务观念和服务育人属性的淡化，从而导致后勤经济效益与社会效益的矛盾。高校后勤管理部门也采取了很多措施，加强监管考核，改进服务质量。但是由于这些服务单位淡忘了后勤育人这个核心价值和宗旨，较多地考虑其经济利益，高校后勤服务的功利性越来越浓，与社会企业越来越相似。这些情况的出现使后勤服务偏离了高校教育和培养学生这个中心，必须在后勤改革中坚决予以纠正。因此，高校后勤部门必须始终强化后勤育人意识，将后勤服务的社会效益始终放在发展和改革的首位，确保高校后勤的育人本色不变。

最近几年，我国高校后勤社会改革取得了可喜的成就，一种符合市场经济规律和高等教育快速发展的后勤服务机制已建立起来，有力地保障了我国高等教育事业的快速发展。在后勤社会化改革尚不完善的过程中，后勤部门按市场规律办事，按市场规律来配置资源。如此一来，不可避免地掺杂了金钱意识、竞争意识，使服务的内容和形式带有了商业化、功利化的特点，从而偏离了高等学校培养人才的宗旨。这不但影响了高校整体育人的效果，而且如果任其继续发展，对我国高等教育事业的发展也是非常不利的。这都要求后勤部门强化服务育人意识和育人功能，把社会效益和育人功能放到其追求经济效益的全过程和中心环节，保障后勤社会化改革健康、有序地发展，保障后勤服务育人的根本宗旨不变化，最终实现教书育人、服务育人、管理育人三者有机结合，从而推进我国高等教育事业的快速健康发展。

六、加强服务育人是高校培养全面发展大学生的时代要求

马克思曾经指出："生产劳动与教育相结合，既是提高劳动生产的一个方法，还是造就人的全面发展的唯一方法。"教育的目的是要规范学生的行为，使他们形成正确的人生观、价值观。当前，高校的教育已经不能简单局限于教师对学生的教学，而必须实现教育多元化发展。

教师的课堂教育固然是主要的途径，但高校的特点决定了学生的受教育机会应该覆盖整个在校学习阶段，这使高校教育出现了一定的真空。而后勤员工是学生在课堂之外接触最多的学校工作人员，这要求后勤员工也要承担一定的教育职责。因此，后勤服务育人成为必然。后勤多种教育载体的运用也为学生提供了获取多种知识、学习实践的机会，学生学习的课堂知识能够学以致用，这使得后勤

服务育人的重要性不断加强,成为学校教学育人和思想政治教育的重要补充。高校后勤不但是高校事业全面发展的重要保障,更是一条服务育人的战线,是对学校教学育人的必要补充。

后勤社会化改革以来,在后勤职工的共同努力下,高校后勤工作取得了有目共睹的成绩。在后勤工作的有力支撑下,高等教育事业取得了飞速发展,国民素质和教育程度大幅提高,大量的大学毕业生走向工作岗位,在各行各业发挥着他们的作用。可以说,这些大学生的成长归功于高校全方位的培养,与后勤提供的坚强保障和后勤育人的成果也密不可分。不少大学生毕业后多年,最难忘的不是在课堂学习的经历,反而是与日常生活相关的点点滴滴,这些对他们的人生产生了深刻的影响。因此,加强后勤服务育人功能,充分发挥后勤对大学生的育人作用势在必行。

第二节　高校后勤服务育人的改进策略

一、加强员工与学生的沟通

高校后勤应加强后勤员工与学生的沟通,使后勤员工多设身处地地为学生着想,自然地产生一种"老吾老以及人之老,幼吾幼以及人之幼"的思想道德感情,将大学生们当作自己的孩子一样真心去对待,尽自己最大的能力去关爱他们、关心他们,多和他们交流和沟通,做到爱护他们、关心他们、了解他们、宽容他们和体谅他们,使学生将后勤当作自己的第二个家。

(一)培养后勤员工与学生的情感交流

高校后勤工作要努力实现服务育人的目的,为此就要增加高校后勤员工与学生们的良好的沟通,也就是后勤服务的每一位工作人员都应该从亲切的、友善的和热情的言行举止着手,从应该做的和能够做的一件件小事情做起。后勤的每一个部门及每一个专业,都要从细小的一点一滴的工作服务活动开始,全力使服务育人的氛围推广开来。长此以往,我们才可以具备更加良好的、美丽和谐的校园大环境。

后勤员工可以通过不断地加强和完善自身的思想道德素质修养,并且正确地把这种精神传递给大学生,让学生可以真真切切地感受到高校后勤像家一样温暖和亲切。同时,高校后勤的服务员工们要努力地为大学生们提供他们所需要的服务，改变以往漠然、冷淡的服务，把自己的工作热情和关心全身心地投入服务工作当中，自觉地将"后勤服务育人"的精神运用到服务工作的全过程之中。如此，才更能有效地促进学生与后勤工作人员之间的互相沟通和谅解，从而才能进一步实现高校后勤服务育人工作。

（二）建立后勤员工与学生交流平台

高校后勤管理者必须要努力培养一支热爱后勤工作的，能开拓并创新业务的，兢兢业业、任劳任怨、热情地为师生员工服务的，优秀的后勤队伍。后勤的每一位员工都要努力增强自己的职业道德意识和良好的服务教育的意识。后勤实行挂牌上岗制度，使后勤工作人员自觉接受管理和监督。

值得后勤员工注意的是网络上的沟通。在经济高速发展的今天，高校后勤工作也要不断开拓与学生有效沟通的新途径。高校后勤可以安排配置网络监管小组，使后勤工作服务的网站不仅仅是宣传自己的工具和无用的摆设，而是能够实实在在地与学生进行沟通和交流，成为拉近师生和员工关系的工具。后勤要时刻注意到学生的需求，尽力去满足他们所提出的合理要求，让学生真真切切地体会到高校后勤每一个员工的工作热情与温暖，从而进一步转变大学生对后勤的偏见。在此基础之上，认真制订和补充完善各部门各项规章和制度，并将其统一纳入学校的整体管理和约束机制之中。

同时，高校后勤还要努力建立健全全面的、常规的后勤管理维护服务制度，在努力搞好日常的维护和维修工作的基础之上，不断适应高校的管理制度，进一步地服务和关心高校师生，努力提高自身服务水平，使高校后勤服务工作可以更加贴近学生，最终逐步实现高校后勤服务育人。

二、加强高校服务育人的意识观念

（一）端正高校后勤服务育人观念

虽然随着社会的发展和思想的进步，人们对高校后勤的认识有所改变，但对其的世俗偏见和陈旧观念似乎根深蒂固，依然影响着人们看待后勤工作的眼光。从个人到学校以至社会，仍有部分人群认为后勤服务与育人无关，连后勤职工本身也有自卑之感。事实上，高校后勤作为附属于高等学校的基础性部门，其最终目标与高等教育的目标相一致，即培养人才。从内容上看，高校后勤工作是为全校师生服务的服务性工作；从属性上看，高校后勤则是辅助高校实现育人目的的育人性工作。

而高校后勤的育人功能正是通过其服务性行为实现的，后勤服务不仅是一种简单的事务性工作，它还是具有真情实感，隐性内敛的思想政治教育工作，即寓育人于服务之中。因此，高校领导和后勤部门应该充分重视发挥后勤服务育人的功能，加强后勤服务育人的宣传，加强后勤部门和学生的沟通，使后勤工作者和学生之间相互了解、彼此贴近，消除高校全体成员对后勤育人的偏见，既重视后勤的保障和服务功能，又要充分发挥后勤对于思想政治教育的补充作用，强化后勤育人功能。

（二）强化高校后勤服务育人意识

思想支配行动，高校后勤要做好"服务育人"工作，首先要树立"服务育人"的思想意识，强化主动服务理念。由于种种原因，部分后勤工作者从自身就看不起后勤工作，认为后勤工作是侍候人的工作，低人一等。面对这种现象，后勤工作者首先要端正对后勤工作的态度和认识，充分认识后勤服务工作的教育属性和价值，培养强烈的职业使命感，树立"全心全意为学生服务"的服务意识，尊重爱护学生，使一切工作围绕"为学生服务"开展。由于寓育人于服务之中，后勤工作者要加强面向学生的服务意识，在服务中实现育人功能。

首先，后勤工作者要关心和爱护学生，通过与学生的有效交流与沟通，掌握学生的心理发展变化，化解思想矛盾，帮助他们解决学习生活中的困难，为他们快乐学习、健康生活创造温馨的氛围。

其次，后勤工作者要尊重和理解学生。当前大学生多数是初次离开家长庇护，开始独立生活，自理能力较差，尤其是在入学时面对陌生的学习生活环境会产生强烈的不适感，或者与同学发生冲突，甚至对后勤管理服务提出苛刻的要求，这就需要后勤工作者在尊重和理解的基础上给予学生耐心细致的解释，帮助他们尽快适应新的生活环境，让学生与后勤工作者达到相互沟通和理解，让学生在关爱中感受如家般的温暖，用实际行动赢得学生的尊重和理解。

三、加强高校后勤服务育人制度建设

（一）建立内部质量监控体系

俗话说："没有规矩，不成方圆。"严谨完善的后勤内部管理制度是后勤服务育人的保障，也是后勤管理的执行标准。高校要建立科学规范的管理制度，为开展服务育人提供保障机制和工作依据。

后勤服务质量指在后勤服务过程中，在一定的时间和条件下，后勤服务达到某一标准的程度，以及服务对象对这种服务的满意度。它是评价高校后勤工作的重要标准，是后勤实现服务育人的关键所在。在后勤服务质量管理中，首先，应通过建立完善的内部质量监控体系，对后勤服务质量的基本要素进行全面监控，以保证后勤各项服务质量能够达到标准化的状态。在相关调查中发现，部分高校后勤管理部门采用过程管理方法，通过制订质量监控的目标体系、组织体系、方法体系和制度体系，使后勤服务质量的监控体系高效化、科学化。其次，采取多渠道沟通机制加强后勤的民主管理，如召开学生座谈会、设立"校长接待日"、利用微博、微信等网络资源，广泛听取学生的意见和建议，并及时回复和落实。高校后勤必须主动接受广大师生员工的监督，并鼓励学生参与学校管理，调动学生主体的积极性，不断改进服务质量。

（二）建立科学的绩效考核评价制度

绩效考核评价机制指高校后勤根据高校教学和工作的整体目标，建立系统的绩效考核标准，通过一定的考核办法评价后勤工作者工作职责的履行情况和员工的发展情况，并进行反馈的一种制度。绩效考核评价制度的实行，不仅能够激发广大员工的积极性和责任感，还对规范服务行为、改进服务质量有重要意义。

高校后勤机构应建立公正、科学的考核评价制度，根据明确性、整体性、平衡性及精细化的原则设计考核指标体系，使每一个考核指标既有明确的内容，又与其他指标相互关联；既反映了组织内的相互关系，又能有效地反映真实问题。对教学、后勤、教师、学生等各项内容的综合考核，可以促进高校后勤服务育人工作的科学化和规范化，使后勤管理有章可循、有据可依。

四、加强后勤服务队伍建设

（一）提高后勤员工的综合素质

高校后勤的员工直接或间接地为师生提供服务，也就自然而然地展示了他们所具备的高尚的道德情操和他们高超的技术和本领，努力赢得学生的钦佩、信赖和主动效仿，也就更能够增强高校后勤服务育人的良好效果。高校后勤管理者应该引进和培养大批具有高素质和高超技能的服务工作人员，大力加强高校后勤服务人员的队伍建设。

长期以来，各个高校的后勤工作服务人员的文化水平都相对较低。因此，高校后勤更要对现有的后勤员工进行相应的职业技能的培训，进一步提升后勤工作人员的工作效率，同时，加快推进高校后勤员工成长成才的进程。随着社会的不断发展，人们的生活水平质量不断提高，广大师生对服务的标准要求也越来越高，如此也更加需要高校后勤的工作人员努力提高自身的政治修养和业务素质，努力提高自身的服务本领，使他们能够担当起"管理者、服务者和育人者"三位一体的重要角色。

高校后勤管理人员要对高校后勤的员工进行思想文化教育和素质教育。高校后勤服务人员所要服务的对象是正在接受学校高等教育的在校大学生，这也就要求后勤员工要具有有话可谈、有理可讲、有道可传的素质，更重要的是高校后勤的工作服务人员要能够为在校大学生提供正确的具有积极意义的引导。高校后勤管理者也可以组织后勤员工开展形式多种多样的岗位练兵活动和劳动技能比武竞赛，形成比学习、比贡献、比技能的良好的环境氛围。

（二）塑造后勤员工热情关心的服务言行

高校后勤的服务工作人员要在自己的职能范围之内充分地了解大学生的需要，自觉地去关心学生，并做到努力满足学生的合理需要。

高校后勤的工作人员首先要做到的就是严格要求自己，进一步增进与学生的交流和沟通，也许只是一个亲切的微笑、一句简单的关心话语，都可以让学生体会到学校的温暖，让学生体会到人与人的交往的关键之处在于真诚的关心。

高校后勤的工作人员应该多与大学生交流和沟通，对学生自然地体现出关心，让学生体会到家一样的温暖的感觉。高校不仅仅要保障后勤员工的工作和生活的利益以增加后勤队伍的凝聚力，还要努力改变他们自己认为的仅仅是简单的体力劳动者或"临时工"等这些错误的观念，从而增加后勤员工的工作热情，让后勤员工体会到一种归属感，同时他们也能把这种正面积极的力量传达给学生，从而达到服务育人的目的。

后勤工作人员要诚心、细心、耐心地做好后勤负责范围内的工作。这也更需要高校后勤员工努力加强自身业务知识的学习，尽力掌握优秀的业务技能，运用科学的服务理念和先进的服务手段对学生的学习和生活服务，以期全面、大幅度地提高后勤工作的服务质量和效率。

后勤的工作人员用自己爱岗敬业的服务精神去努力感染学生。当大学生们毕业走入社会以后，会自觉地遵守着真诚、热情的为人处世的良好态度，全力地服务他人和社会，在他们各自的工作岗位上努力做出更加优秀的业绩，从而促进他们自己健康积极地成长和成才。

（三）开展后勤服务育人相关的研究和实践

为了更好地开展后勤服务工作，加深对后勤服务育人理论的认识以指导实践，很多高校后勤部门都开展了与后勤服务育人相关的理论研究和实践探索。

通过开展后勤服务育人相关理论的研究，可以对高校后勤服务育人进行深层次的理论总结和升华，同时有助于各高校交流经验做法，共同提高。例如，有些高校后勤部门就专门组织员工进行后勤理论研究和后勤实务研究，并拨出专项经费，为研究提供支撑。不少员工撰写的文章还在专业刊物和后勤交流会议中发表，提升了后勤员工学习、研究后勤工作的积极性，也提高了后勤员工的文化素质。

五、正确认识高校后勤服务育人功能

高校后勤系统作为高校管理体系的重要组成部分，不仅要为高校师生的学习、生活、工作提供必要的服务和保障，还肩负着服务育人的重要职责。相对学校整体而言，高校后勤系统是一个相对完备的系统，具备人员构成、制度建设、运行管理和监督考核等功能，在育人职能的发挥方面，有着自身独特的优势和方法。

高校管理者要充分地认识到高校后勤育人的重要性和优势。在顶层设计、经费管理等方面适当倾斜，充分利用好后勤育人这块阵地，把立德树人融入高校后勤思想政治教育、后勤服务工作、后勤劳动实践等各环节，发掘高校后勤系统中所蕴藏的隐性思想政治教育资源，充分发掘高校后勤系统中的思想政治教育功能，拓展思想政治教育的途径。

高校后勤管理者应充分认识到高校后勤服务育人的重要性，不能一味地重服务轻育人，要高度重视后勤育人工作，研究制订相关管理制度，明确管理者和落实者的育人职责，开展监督和管理，将后勤育人活动纳入年度考评之中，大力支持下属各部门积极举办服务育人活动。同时，高校后勤管理者应该清醒地认识到经济利益与公益性的关系，正确处理好后勤经济与服务育人的矛盾。如果一味地将经济利益放在首位，势必会影响后勤服务水平和质量，时间久了不仅会引起师生的不满和投诉，更有可能连保障教学科研工作正常开展的最基本职能都无法有效履行。当经济利益与后勤育人属性发生冲突时，高校后勤首先要保证其育人功能的实现，理顺后勤服务育人与后勤经济利益之间的关系对于实现高校后勤服务的育人属性具有非常重要的意义。高校后勤管理者必须强化后勤服务与育人的有机结合，使其相互促进、共同发展。

后勤服务工作者应该摒弃"后勤就是伺候人的工作""后勤工作卑微"等错

误认识，摒弃"你付钱、我服务"的错误观点，做好自己本职工作的同时，充分认识到后勤员工不仅有服务的义务，也有育人的职责；建立起育人的意识，重视后勤的育人属性，深刻学习和领会思想政治教育的精神实质；通过不断学习提升后勤服务品质，强化后勤育人属性，为高校思想政治工作的全面落实发挥积极的作用。

后勤服务人员对高校学生的理想信念、思想道德素质、行为习惯等方面是会产生很大影响的。这种影响是不自觉的、潜移默化的。高校学生应尊重后勤劳动，尊重后勤服务人员，主动与后勤服务人员交流沟通，实现良性互动，用行动为自己的成长成才营造和谐美好的环境。

六、创新高校后勤服务育人载体平台

（一）创新服务育人载体平台

创新服务育人载体平台是改进高校后勤服务育人工作的重要内容。沟通是高校后勤开展服务育人的重要途径。高校后勤在沟通过程中，有意识或无意识地将自己的思想传递给被服务者，达到育人效果。所以作为大学生生活服务的提供者，高校后勤应该始终坚持做好与大学生的交流沟通，拓展互动沟通的平台和渠道，肩负起服务育人的重要使命。

第一，高校后勤要积极宣传，利用校内广播、微博、微信等多种媒介，及时广泛地宣扬后勤服务观念。此外充分发挥高校网络教育特征，如利用微信公众号这一思想政治教育阵地，坚持"趋利"与"避害"相结合、"扬长"与"避短"相结合、"管理"与"疏导"相结合、"教育"与"服务"相结合，积极主动地开展教育、引导、管理和服务工作。

第二，后勤机构还可以利用意见箱、问卷调查、后勤领导接待日等形式，虚心听取师生对后勤服务工作的意见和建议，解答学生提出的共性问题，让师生充分了解、理解、尊重后勤工作。

第三，后勤企业要开展多样化的交流沟通活动，诸如召开学生座谈会，积极主动地参与和支持"学生管理委员会"等学生监督组织的工作，鼓励学生参加后勤管理，帮助他们提高"自我管理、自我教育、自我服务"的能力。如美国高校在宿舍区配备专门辅导员与服务人员，设有"学生住宿助理"和学生咨询中心，帮助学生开展积极的宿舍活动，对学生产生潜移默化的影响。总之，"条条大路通罗马"，高校后勤要积极搭建与学生相互尊重、理解、沟通的交流平台，运用各种手段措施实现服务育人功能。

（二）构建高校后勤和谐育人文化

成熟的企业文化能够衍生出鲜明的管理和服务理念，和谐的育人文化能够营造出净化心灵的人文与生态环境。因此，营造服务育人的和谐文化氛围对于改进高校后勤服务育人现状具有重要意义。和谐的服务育人文化可分为三方面，分别是校园景观环境的美化、校园人文环境的美化、后勤企业文化的培育。

第一，要建设优雅的校园景观环境，以花草树木等自然物质特有的美化和防护作用改善校园环境，起到净化空气、减少噪音等改善环境的功能，使学校成为充满自然气息的学习活动场所，带给师生美的享受。科学合理规划校园建筑布局，将其按人性化需求进行功能分区，力求融校园、家园、花园、乐园为一体，集社会美、艺术美、自然美、科学美于一身，让全校师生置身于优雅整洁的自然环境之中，缓解压力，愉悦心情。因此，要加大投资力度，完善学生住宿生活的环境建设，尤其是生活及休闲娱乐设施建设。如美国大学生可在宿舍内享受免费网络，熨斗、洗衣机、甩干机等生活工具也是应有尽有，宿舍楼内还有供学生学习使用的自习教室。虽然随着我国经济发展和高等教育的进步，各大高校已具备了比较齐全的基础性设备，但是我国高校在提升学生生活品质方面的硬环境建设上还有待改进。

第二，通过对高校特有的历史传统和文化积淀进行探索挖掘，领悟高校博大精深的历史内涵；通过对校徽、校训、校风、学风的宣传，以及建立校史室和校友专栏墙等方式，弘扬学校的优良传统和文化内涵，增强全体师生的自豪感和归属感。

第三，高校后勤机构要逐渐培育自身的企业文化，遵循其服务于高校的宗旨，将校园文化与企业文化更好地融为一体，以教育属性为基础，以服务育人为目标，以服务保障、以人为本为原则，努力引导后勤工作者形成共同的价值观念和育人意识，构建科学的制度文化、和谐的民主文化。和谐的民主文化则依赖于学生主体作用的发挥，如香港大学十分强调学生参与，学校各委员会均有学生代表参与，为学生创造了一个师生之间、同学之间积极沟通的和谐的校园氛围，对于内地高校推进民主治校、发挥共同管理提供了有益的借鉴。

七、充分利用后勤服务资源优势

（一）开展帮困助学活动

大学生中很多人来自经济并不发达的地区，生活费用比较拮据，还有的学生想依靠自己的努力自食其力，给父母减轻负担，也多给自己锻炼的机会。后勤部门应该主动了解、关心这些学生，在后勤服务岗位中设置一些岗位满足这些学生勤工俭学的需求，学生在获得报酬的同时，也锻炼了意志品质、增强了劳动技能，还能使学生感受到来自学校、后勤的关心和温暖，使他们更加热爱自己的学校。对学校和后勤部门来说，学生文化素质较高，很多情况下他们能更出色地完成工作，为学校减轻用人压力。更重要的是，在劳动的过程中，学生体会到了后勤服务的辛苦、劳动的光荣。

（二）引导学生积极参与后勤工作

法国大教育家卢梭在他的著作《爱弥儿》中明确强调，我们千万不要生硬地干巴巴地同年轻人讲一些什么所谓的理论。他指出，"如果你想让年轻人懂得你所说的大道理，你就要用一种深刻的东西去标示它，应当使这些思想的语言通过并进入他们的心，如此才能被他们所了解"。因此，高校后勤就可以相应地提供多种多样的勤工助学的实践岗位，这些实践岗位将在无形之中对学生的思想产生重要的影响。

现行的教育宗旨是培养德、智、体、美、劳全面自由发展的学生，这几方面互相影响、互相补充和互相促进，而适当的劳动可以有效地开发和促进学生们智力的发展，也能够使大学生们的身体得到充分的锻炼，从而也同时塑造了他们身体的美以及心灵的美。

高校后勤管理部门还可以与团委或学生处等学生管理组织单位合作，成立像学生伙食管理委员会、学生公寓管理委员会，以及学生校园环境管理委员会、学生教室管理委员会、大学生后勤处维权中心、高校后勤工作志愿者协会等学生社团，大力引导学生开展文明卫生校园的创建和建设。

八、深化高校后勤的社会化改革

高校后勤机构在日常运作与服务育人的过程中存在着的问题，有的在前期后勤机构改革中得到了妥善处理，有些问题仍需要通过进一步改革来解决。

（一）理顺高校后勤运行机制

高校的社会功能是教育，高校后勤是高校实现高等教育职能的重要组成部分。从其经济组织的属性看，高校后勤必然要遵循经济规律和价值规律，追求相应的经济效益，但它仍然要为教育服务、遵循教育规律，离开了为高等教育服务的目的,必然丧失其应有的社会功能,就不再成为高校后勤。

在高校后勤改革中,只有明晰其教育属性才能掌握高校后勤的改革方向,只有深化后勤社会化改革,把握后勤的经济属性才能使高校后勤更好地发挥服务支撑功能,才能在激烈的市场化竞争中生存与发展。

高校后勤机构社会化进程中的市场化与公益性的结合是其社会化改革目标能够顺利实现的基本前提。在未来的持续改革中,两种属性的结合需作为改革的一大原则。否则,高校后勤机构最终要么失去公益性与教育属性,要么将会使改革的进程重新回到原点,谈其服务育人的功能也将成为奢望。

(二)继续推进质量体系建设

后勤社会化改革以来,很多高校后勤机构均引入国际标准化管理体系,如ISO 9000、ISO 9001:2000 等国际质量管理体系。质量管理体系的引入,有效规范了后勤运作机制,为后勤机构的标准化运行提供了可参照标杆。在高校后勤工作中,进一步应用和推行 ISO 质量保证体系,可以有效提高后勤服务质量,完善科学管理体系。

目前我国高校后勤社会化改革引入相关质量管理体系存在着通过相关质量体系标准的高校后勤机构数量少、相关体系与各高校的相容性程度不一等问题。以 ISO 9000 质量管理体系为例,该质量管理体系是具有很强的操作性科学性的企业管理的手段和方法。在相关高等院校后勤机构的社会化改革中,该质量管理体系引入较多。有学者反映,相关质量管理体系引入高校后勤,实际上只是建立了一种单一的、粗放式的体系结构,由于其针对性不足、管理实效低下,效果不是很明显。但目前,国内很多高校后勤集团组织所建立的管理体系引入了标准要求,相关高校后勤工作人员也反映后勤机构自引入质量管理体系和标准以来,各实体的各个层面和各个环节的工作开始规范化、系统化,提高了后勤的管理水平、服务水平和办事效率,完成了后勤员工从"自我"至"服务顾客"的工作中心理念的转变。

从总体来看,高校后勤机构在社会化改革中引入相关质量管理体系无疑是对后勤机构运行的科学化、规范化和高效化起正向促进作用的。目前主要的问题就是相关质量标准的"本机构化",即机构与标准之间的相互适应性问题。

高校后勤的育人功能主要是通过提供"产品"来实现的,在与师生接触的过程得到体现。实现高校后勤服务标准化无疑是拉近后勤机构与服务、育人客体之间的心理距离,以科学的管理获得学生的信任进而扩大后勤育人途径的有效方式。

(三)创新后勤服务育人方式

高校后勤服务育人方式并不是一成不变的,而是随着社会的进步、学生的需求而不断变化和发展的。伴随着高校社会化改革的不断深入,高校后勤服务育人方式发生了很大的变化,服务育人从学生最易接受和最愿意接受的角度出发优化育人方式、拓展育人阵地。

高校后勤开展丰富多样的体验式共建活动,可以让学生在体验的过程中获得知识,在劳动中学会感恩、尊重他人,学会团结协作,体会劳动带来的心理和生理上的愉悦感和满足感,从而将后勤服务育人落到实处。如高校后勤部门可与学院共建活动基地,增强学生劳动的获得感,增长劳动技能;举办后勤体验活动,体验式教育,让学生明白后勤员工的艰辛,学会理解他人,珍惜他人的劳动成果,进而规范自己的行为,自觉维护校园环境。通过体验式教育,接受后勤服务教育,让学生在潜移默化、自然而然中接受教育,获得熏陶,提升自我。

社会实践是大学生思想政治教育的重要环节,对于促进大学生了解社会、增长知识、锻炼意志、增强社会责任感等具有不可替代的作用。高校后勤实践岗位是重要的校园实践平台,让学生在实践中体验,可以使其感性认识不断升华到理性认识,也能使学生感受到劳动人民不畏辛劳、艰苦奋斗的精神,进而引导大学生崇尚劳动、尊重劳动。

参与管理是后勤服务育人的一项民心工程。当代大学生的自我意识、民主意识、主人翁意识不断增强,对参与后勤事务管理的愿望越来越强烈。高校后勤可通过成立学生自我管理委员会、学生权益部等学生自我管理组织,调动学生参与管理的热情,提高自身管理水平和服务品质,充分发挥后勤育人功能。

反馈互动是高校后勤服务育人工作的重要途径。高校后勤必须充分了解学生的实际需求,才能根据学生的需求不断调整服务方式和服务内容。学生对于后勤服务的反馈互动,既可以将学生对于后勤服务的要求提供给后勤服务人员,又可以增强自己的主人翁意识,提升自己交流沟通的能力。

新媒体平台是后勤服务育人最直接的途径。随着互联网的普及,新媒体已经成为学生获得信息、交流沟通的重要平台,高校后勤如何有效地利用新媒体平台开辟服务和沟通渠道就显得非常重要。高校后勤开通微信公众号、开辟服务育人板块,发布"三全育人"理念和后勤服务育人典型模范,及时推送后勤育人动态,及时反馈学生关心的问题,减少矛盾升级和投诉发酵,将微信公众号打造成后勤信息、师生意见建议、食品安全、维修申报、医疗服务平台,实现后勤服务育人,达到立德树人的目的。

高校后勤要充分利用后勤教育基地和专业技术、人才优势，推进后勤育人工作的开展，建设服务内容广泛、服务形式多样的育人后勤，引导学生知行合一，引导学生树立正确的人生观、价值观和世界观，引导学生建立良好的理想信念，引导学生塑造健康的人格，大力推进保障型后勤向育人型后勤发展，为学校的育人工作做出应有的贡献。

九、孵化高校后勤机构服务育人组织文化

每个组织都有自己独特的组织文化，高校后勤机构也概莫能外。组织文化包括物质、行为、制度、精神等层面的文化，对于组织而言具有导向、激励、约束及认同等作用。组织文化对一个组织发展的积极作用广为论及，在此不做详述。

社会化改革后，很多高校后勤成为独立的经济实体。关于高校后勤组织文化构建，很多学者对此进行了探索。有学者认为，所谓"服务育人"后勤文化，是指后勤职工按照服务育人的宗旨，在日常管理、服务、经营过程中逐渐形成并保持的以服务育人为核心的思想理念、价值标准、行为规范以及规章制度的总和。它是后勤物质、行为、制度、精神四种形态的综合体。其内容主要包括后勤职工所遵循的规章制度、管理方式、道德标准、行为规范、价值准则、基本信念以及后勤具体物化形象及抽象形象等内容。高校后勤服务机构要达成服务育人的基本功能，塑造"服务育人"组织文化是不可或缺的"软条件"。

高校后勤服务育人组织文化由于社会化改革未彻底完成而没有实现真正意义上的"服务育人"组织文化。根据我国高校后勤的现状，应该从以下方面"孵化"：首先，以良好的组织形象塑造育人的条件与氛围。良好的后勤形象包括后勤机构的职工、建筑物、餐饮住宿及办公场所的环境与条件、组织形象的宣传等方面。具体来讲，可以通过加强后勤形象宣传、后勤员工衣着与配饰、后勤建筑与办公环境的格调装饰及后勤餐饮、住宿等环境的维护与提升实现。

其次，构建高校后勤服务育人的组织文化更需要通过有效的沟通与交流方式来实现，以合理的饮食赢得学生的满意、以优质的宿舍服务温暖人心。

当然，实现高校后勤服务育人的方式很多，各高校在相互交流借鉴中亦有所创新，关键是在工作中以"服务育人"为工作理念，并以此为基础制订、完善相关制度，实现从"人"到"制度"的"服务育人化"，实现服务育人组织文化的孵化。

参 考 文 献

[1] 李连江. 高校管理与后勤社会化研究 [M]. 北京：中国市场出版社，2008.

[2] 毕连福，潘平. 高校后勤企业化管理及自组织机制研究 [M]. 沈阳：辽宁大学出版社，1999.

[3] 黎玖高. 现代大学后勤管理理论与实践 [M]. 北京：经济科学出版社，2010.

[4] 杨延东. 中国高校后勤管理改革的行动研究 [M]. 北京：中国社会科学出版社，2012.

[5] 恩佳. 我国高校后勤管理的理论与实践研究：以西南民族大学为例 [M]. 成都：西南财经大学出版社，2012.

[6] 杨炜苗. 高校后勤管理学导论 [M]. 保定：河北大学出版社，2014.

[7] 王京葭. 高校后勤工作实践与探索 [M]. 北京：知识产权出版社，2015.

[8] 石国兵. 高校后勤管理信息化研究及实践 [M]. 武汉：武汉大学出版社，2018.

[9] 王胜本. 现代大学后勤服务育人共同体研究 [M]. 济南：山东大学出版社，2010.

[10] 王大伟. 高校后勤管理的理论与实践研究 [M]. 北京：中国纺织出版社，2019.

[11] 宋扬扬，王胜本. 基于协同治理理论下的高校后勤育人发展现状与建设路径 [J]. 河北工程大学学报（社会科学版），2018，35（4）：25-27.

[12] 江舟. 高校后勤服务育人理论与实践探索 [J]. 高校后勤研究，2018（10）：8-11.

[13] 魏新兴，魏星，焦海浩. 学生参与高校后勤管理和服务的价值及路径的拓展 [J]. 开封大学学报，2018，32（3）：76-78.

［14］王胜本. 现代大学后勤服务育人共同体研究［J］.高校后勤研究，2018（增刊1）：38-41.

［15］黄晓时."服务育人"视角下的高校后勤管理改革路径研究［J］.福建广播电视大学学报，2018（3）：26-29.

［16］祝晓明. 基于服务育人的高校后勤管理建设模式研究［J］.现代物业（中旬刊），2019（10）：10.

［17］王一惠. 基于学生参与视角下的高校后勤服务育人［J］.农家参谋，2019（23）：284.

［18］雷连宝，韩军书."三全育人"格局中高校后勤育人工作探讨［J］.安徽工业大学学报（社会科学版），2019，36（4）：105-106.

［19］邵阳. 基于服务育人的高校后勤建设优化与创新［J］.法制与社会，2019（24）：154-155.

［20］谢凡."三全育人"视角下高职院校后勤服务育人"三个一"模式的构建［J］.广西教育，2019（23）：48-49.

［21］张文军，刘强. 高校后勤如何落实立德树人根本任务［J］.高校后勤研究，2020（7）：73-75.

［22］朱震杰. 服务育人视角下高校后勤党组织建设探析［J］.高校后勤研究，2020（增刊1）：48-49.

［23］王艳. 新时代高校后勤"服务思政"的探索与实践［J］.科教文汇（中旬刊），2020（4）：12-13.

［24］周明鹏. 高校后勤服务学生的现实境遇及应对理路［J］.高校后勤研究，2020（3）：9-11.